CW01512193

PICCOLA BIBLIOTECA ADELPHI

437

das die Physik aber nicht aufzeigt, ungeachtet sie vorgibt, sich auf Erfahrung und Beobachtung zu stützen. — Ein Beispiel von existirendem Specificiren der Schwere ist die Erscheinung, daß ein auf seinem Unterstützungspunkte gleichgewichtig schwebender Eisenstab, wie er magnetisirt wird, sein Gleichgewicht verliert und sich an dem einen Pole jetzt schwerer zeigt als an dem andern. Hier wird der eine Theil so inficirt, daß er ohne sein Volumen zu verändern, schwerer wird; die Materie, deren Masse nicht vermehrt worden, ist somit specifisch schwerer geworden. — Die Sätze, welche die Physik bei ihrer Art, die Dichtigkeit vorzustellen, voraussetzt, sind: 1) daß eine gleiche Anzahl gleichgroßer materieller Theile gleich schwer sind; wobei 2) das Maaß der Anzahl der Theile das Gewicht ist, aber 3) auch der Raum, so daß, was von gleichem Gewicht ist, auch gleichen Raum einnimmt; wenn daher 4) gleiche Gewichte doch in einem verschiedenen Volumen erscheinen, so wird durch Annahme der Poren die Gleichheit des

quelle bêtise!

Nr. p. 281

*Chiosa autografa di Schopenhauer dalla sua copia personale dell'*Enciclopedia delle scienze filosofiche in compendio *di Hegel, par. 293 (cfr. p. 76).*

Arthur Schopenhauer

L'ARTE DI INSULTARE

A cura e con un saggio di Franco Volpi

ADELPHI EDIZIONI

Prima edizione: ottobre 1999
Sesta edizione: ottobre 2000

© 1999 ADELPHI EDIZIONI S.P.A. MILANO

ISBN 88-459-1480-1

INDICE

UN ALFABETO DI INSOLENZE
DI FRANCO VOLPI

1. *L'insulto come «extrema ratio»*

La presente *Arte di insultare* è l'ideale complemento dell'*Arte di ottenere ragione*, il primo dei trattatelli di Schopenhauer che abbiamo ripreso dai suoi scritti postumi.[1] A conclusione di quel prontuario di stratagemmi escogitati per avere sempre ragione, Schopenhauer riconosceva nondimeno il limite di ogni tecnica argomentativa: qualora ci si trovi a disputare con un avversario più intelligente e più abile di noi, non c'è astuzia che tenga; sul piano della dialettica non avremo scampo, finiremo fatalmente per essere battuti. Ciò non significa, tuttavia, che la partita sia irrimediabilmente perduta. Rimane infatti un ultimo, perfido espediente, il trentottesimo, che consiglia:

«Quando ci si accorge che l'avversario è superiore e si finirà per avere torto, si diventi offensivi, oltraggiosi, grossolani, cioè si passi dall'oggetto della contesa (dato che lì si

---

1. A. Schopenhauer, *L'arte di ottenere ragione*, Adelphi, Milano, 1991; ediz. tedesca *Die Kunst, Recht zu behalten*, Insel, Frankfurt a. M., 1995.

ha partita persa) al contendente e si attacchi in qualche modo la sua persona».[1] Come Schopenhauer aggiunge, e com'è naturale, «questa regola è molto popolare poiché chiunque è in grado di metterla in pratica, e viene quindi impiegata spesso».[2]

L'insultare sarà dunque, come l'esperienza quotidiana conferma, l'inevitabile approdo di buona parte delle nostre discussioni. Schopenhauer, tuttavia, non vede affatto di buon occhio questo esito. Per lui la cosa migliore è cercare di evitare in ogni modo di essere trascinati fino a quel punto, e in merito fornisce anche un paio di suggerimenti pratici:

1) per esempio far finta di nulla e ignorare gli insulti dell'avversario; una serie di aneddoti classici, da lui raccolti in proposito, mostrano come gli uomini saggi sappiano man-

1. A. Schopenhauer, *L'arte di ottenere ragione*, cit., p. 64.
2. *Loc. cit.* Si tratta di un espediente conosciuto e praticato fin dai tempi antichi: «Come poteva infatti non essere noto anche ai sofisti il mezzo con cui ciascuno può mettersi alla pari con ogni altro, e con cui si può equilibrare momentaneamente persino la più grande disuguaglianza intellettuale? Tale mezzo è l'offesa. Ad essa, infatti, la natura bassa sente una tendenza del tutto istintiva, appena avverte una superiorità spirituale» (A. Schopenhauer, *Parerga und Paralipomena*, in *Sämtliche Werke*, a cura di Arthur Hübscher, 7 voll., terza ediz., Brockhaus, Wiesbaden, 1972, voll. V-VI, qui vol. V, p. 47; trad. it. *Parerga e paralipomena*, a cura di Giorgio Colli e Mario Carpitella, 2 voll., ediz. riveduta, Adelphi, Milano, 1998, vol. I, p. 71).

tenere l'impassibilità anche di fronte alle offese e agli insulti più irritanti;[1]

2) o, ancor meglio, come già Aristotele suggeriva nelle *Confutazioni sofistiche*, e come anche il nostro filosofo raccomanda, evitare di mettersi a discutere con il primo venuto o con gente che parla tanto per parlare (ἀδολεσχεῖν), alla maniera dei sofisti, dunque scegliere con avvedutezza gli interlocutori con i quali impegnarsi seriamente in dispute e discussioni.

Tuttavia, come chiunque ben sa, malgrado ogni cautela, all'insulto finiamo spesso per essere trascinati dai casi della vita, anche quando meno lo vorremmo. In certe situazioni è impossibile tirarsi indietro perché – spiega ancora Schopenhauer – colui che insulta fa perdere l'onore anche se è «il più indegno straccione, il più stupido animale, un perdigiorno, un giocatore, uno che fa debiti».[2] Quindi «una sola grossolanità supera qualsiasi argomentazione e mette in ombra ogni spiritualità».[3] In altre parole, come recita la massima n. 4 dell'*Arte di farsi rispettare*: «La *villania* è una qualità che, nelle questioni d'onore, supera e soppianta ogni al-

1. Cfr. A. Schopenhauer, *Parerga und Paralipomena*, cit., vol. V, pp. 401-402; trad. it. cit., vol. I, pp. 507-509; inoltre A. Schopenhauer, *L'arte di farsi rispettare*, Adelphi, Milano, 1998, pp. 71-74.

2. A. Schopenhauer, *Parerga und Paralipomena*, cit., vol. V, p. 395; trad. it. cit., vol. I, p. 500.

3. *Ibid.*, p. 398; trad. it. cit., p. 504.

tra. Se per esempio, durante una discussione o un colloquio, un altro dimostra una cognizione di causa più esatta, un amore della verità più rigoroso e un giudizio più sano rispetto a noi, o comunque una superiorità intellettuale che ci mette in ombra, possiamo subito eliminare questa e ogni altra superiorità, nonché la nostra stessa pochezza messa così a nudo, e viceversa essere noi superiori, diventando villani: una villania prevale e ha la meglio su ogni argomento, e a meno che il nostro avversario non replichi con una villania ancora maggiore ... siamo noi i vincitori, l'onore è dalla nostra parte, e la verità, la conoscenza, lo spirito e l'ingegno debbono fare fagotto, una volta sconfitti e messi in scacco dalla divina villania».[1]

Si tratta, allora, di non trovarsi impreparati di fronte a tale evenienza.

2. *A scuola di impertinenza*

Ebbene, per quanto ingiurie, insolenze e insulti di ogni genere zampillino con inesauribile spontaneità dall'animo umano, specialmente se provocato, è vero purtroppo che non sempre ci sovvengono nel momento del bisogno l'improperio più consono o l'offesa più pertinente. Talvolta l'oltraggio subito è

---

1. A. Schopenhauer, *L'arte di farsi rispettare*, cit., pp. 64-65.

tale da lasciarci, come appunto si suole dire, «senza parole». Quindi, al pari della scherma o di qualsiasi altra tecnica di attacco e di difesa, per essere efficace e raggiungere il suo scopo anche l'insultare richiede di essere imparato e magari esercitato. E quantunque l'insulto venga in genere associato alla rozzezza e alla collericità, a ben guardare il saper lanciare all'indirizzo altrui l'invettiva adatta, scientificamente studiata e opportunamente formulata, implica una vera e propria arte.

Ma quale? E dove trovarla? E poi come apprenderla?

Schopenhauer è lo scrittore che ci viene in soccorso. Più di altri egli ha coltivato il genere dell'insulto, e se anche non compose mai veramente un'*Arte di insultare*, abbiamo tuttavia validi motivi per ritenere che ci sia andato molto vicino.

L'alfabeto di insolenze che abbiamo raccolto spigolando tra i suoi scritti editi e inediti, e che qui presentiamo con il titolo *L'arte di insultare*, ne è la prova lampante.

3. *Ripensamenti: «escalation» e inevitabile deriva*

A onor del vero, va detto che Schopenhauer avrebbe probabilmente guardato con un certo disgusto a una simile arte. Già gli stratagemmi dell'*Arte di ottenere ragione*, per quanto utili ed efficaci, gli apparivano in fondo come trucchi disonesti di cui l'uomo nella sua cattiveria si serve per prevalere sugli altri, e proprio per questo alla fine gli erano venuti a nausea, al punto che aveva rinunciato a pubblicarli.[1]

Un analogo stato d'animo si sarebbe manifestato a maggior ragione per l'*Arte di insultare*. L'insulto è un mezzo villano e volgare, e Schopenhauer detestava, dall'alto del suo spirito e della sua intelligenza, abbassarsi a quel piano. Le ragioni del suo rifiuto risultano già dalla lucida definizione che egli dà dell'argomento: «L'ingiuria, il semplice insulto, è una calunnia sommaria, senza che ne vengano forniti i motivi: ciò si potrebbe esprimere bene in greco: ἔστι ἡ λοιδορία διαβολὴ σύντομος [l'insulto è una calunnia abbreviata] ... Indubbiamente colui che insulta rivela in tal modo chiaramente di non poter far valere contro l'altro nulla di reale e di vero. In caso contrario, infatti, egli fornirebbe ciò come premessa e farebbe tranquillamente trarre le conclusioni agli ascoltatori. Con l'ingiuria invece egli fornisce la conclusione e rimane debitore delle premesse: vuol dare ad intendere in tal modo che ciò avviene soltanto per amore di brevità».[2]

1. Cfr. A. Schopenhauer, *L'arte di ottenere ragione*, cit., pp. 10-11.
2. A. Schopenhauer, *Parerga und Paralipomena*, cit., vol. V, p. 386; trad. it. cit., vol. I, pp. 489-90. Cfr. anche A. Schopenhauer, *L'arte di farsi rispettare*, cit., p. 45 nota.

Inoltre, l'insulto comporta il rischio di una pericolosa *escalation*, che Schopenhauer sconsiglia vivamente di innescare, anche perché «come dice Vincenzo Monti le ingiurie assomigliano alle processioni religiose: ritornano sempre al luogo onde sono partite».[1]

Malgrado ciò Schopenhauer non rinuncia a descrivere siffatta *escalation*, e lo fa con un malcelato compiacimento, sia pure al fine di condannarla: «Se l'avversario è stato grossolano, lo si deve superare proprio in questo campo: se la cosa non è più possibile attraverso gli insulti, si può passare alle vie di fatto, e trovare anche qui una soluzione per salvare il proprio onore. Gli schiaffi sono sanati dalle bastonate, queste dalle sferzate: contro queste ultime alcuni raccomandano, come rimedio eccellente, lo sputare in faccia. Solo nel caso in cui non si riesca più a giungere in tempo con tali mezzi, si deve ricorrere inevitabilmente a una decisione sanguinaria».[2]

Inoltre nell'*Arte di farsi rispettare* egli dimostra di essersi direttamente interessato alla materia dal punto di vista giuridico, citando lo studio in tre parti di Adolph Dietrich Weber *Über Injurien und Schmähschriften* (Schwerin-Wismar, 1798-1800, con riedizioni nel 1811 e

---

1. A. Schopenhauer, *Parerga und Paralipomena*, cit., vol. V, p. 408; trad. it. cit., vol. I, p. 516.
2. *Ibid.*, p. 397; trad. it. cit., pp. 503-504. Cfr. anche A. Schopenhauer, *L'arte di farsi rispettare*, cit., pp. 63-64.

1820).[1] Peraltro, vien fatto di immaginare le circostanze che lo spinsero a ciò: qualche vicenda personale, qualche processo per ingiuria o diffamazione o, peggio ancora, sventure come quella in cui incappò quando malmenò una sarta sua vicina di casa, una certa Caroline Marquet, e dopo una serie di processi durata ben cinque anni fu condannato per *Realinjurie* a pagarle un vitalizio.

Comunque sia, a prescindere da questo passo falso, per Schopenhauer «ogni villania è in realtà un appello all'animalità, in quanto dichiara incompetente la contesa delle forze intellettuali o del diritto morale, nonché il deciderne mediante ragioni, e mette al suo posto la lotta delle forze fisiche».[2] Abbassarsi a quel livello significa, in altre parole, ricorrere al *diritto del più forte*.

4. *Schopenhauer maestro di insulti*

Ciò nonostante, pur non redigendo una vera e propria *Arte di insultare*, nei suoi scritti Schopenhauer non disdegna di lanciare con mordace sarcasmo invettive, insolenze e improperi agli indirizzi più diversi. Ancora più sfacciate sono le impertinenze che si concede nelle glosse a margine dei libri che legge, divertimento di ogni visitatore della sua biblio-

1. A. Schopenhauer, *L'arte di farsi rispettare*, cit., p. 46.
2. *Ibid.*, pp. 65-66.

teca nell'Archivio di Francoforte. Schopenhauer può dunque essere annoverato a buon diritto tra i campioni della nostra arte.

Si potrebbe anche aprire una digressione circa le ragioni che alimentavano la sua categorica impertinenza: il suo carattere sanguigno e un'indole facile a infiammarsi,[1] la sua agiata indipendenza economica che gli consentiva la più ampia libertà e sfrontatezza di giudizio, la sua esclusione dall'ovattato ambiente universitario e la conseguente intransigenza verso i filosofi di professione, variamente vilipesi e vituperati nel pamphlet *Sulla filosofia delle università*. Con l'età, peraltro, la sua inclinazione all'insulto dilagò per ogni dove. Tanto che l'ormai maturo filosofo non esitò a infiorare di insolenze perfino la memoria *Sul fondamento della morale*, presentata nel 1840 al concorso indetto dall'Accademia di Danimarca. Quest'ultima si vide costretta a censurare le sue incontenibili escandescenze nella motivazione ufficiale per la mancata assegnazione del premio: lo scritto, vi si dice, non solo non tratta effettivamente il tema proposto, ma è per giunta poco rispettoso nei confronti dei massimi filosofi dell'epoca («*plures recentioris aetatis summos philo-*

---

1. Si leggano al riguardo le interessanti osservazioni grafologiche di Ludwig Klages, *Aufsätze über die Handschrift bekannter Persönlichkeiten*, in *Sämtliche Werke*, vol. VIII, seconda ediz., Bouvier, Bonn, 1986; trad. it. *Perizie grafologiche su casi illustri*, a cura di Giampiero Moretti, Adelphi, Milano, 1994, pp. 85-117.

sophos tam indecenter commemorari, ut justam et gravem offensionem habeat »).[1]

5. *Il presente abbecedario*

Ci siamo dunque sentiti autorizzati a raccogliere un florilegio dei migliori insulti che nei suoi scritti editi e inediti Schopenhauer scaglia in ogni direzione: contro la società, il popolo, le istituzioni, i colleghi, le donne, l'amore, il sesso, il matrimonio, il maltrattamento degli animali, le mode, i caratteri nazionali, il genere umano, la storia, la vita – insomma: contro l'universo intero. Li abbiamo riuniti, ciascuno sotto un titolo che ne mette a fuoco il bersaglio, catalogandoli semplicemente per ordine alfabetico.

La silloge che ne è risultata costituisce un vero e proprio abbecedario di insolenze, in cui sono compresi:

1) improperi in senso stretto, come quelli contro i filosofi del tempo, soprattutto Hegel;[2]

2) sentenze e giudizi che non vengono proferiti come ingiurie bensì come sacrosante ve-

---

1. L'intero giudizio è riportato in A. Schopenhauer, *Sämtliche Werke*, cit., vol. IV, p. 276.

2. Le copie delle opere di Hegel conservate nella biblioteca personale di Schopenhauer sono chiosate con punti di domanda, esclamativi, epiteti e contumelie di ogni genere. Famose sono le orecchie d'asino da lui disegnate a margine del par. 293 dell'*Enciclopedia delle scienze filosofiche*, con il commento: « *Quelle bêtise!* ».

rità, ma che hanno nondimeno l'effetto di offese belle e buone (secondo il detto «la verità offende»); in questo caso il bersaglio prediletto è il gentil sesso, verso il quale tuttavia in vecchiaia Schopenhauer addolcì la sua intransigenza;[1]

3) affermazioni e osservazioni che Schopenhauer propone come tesi filosofiche, ma che ai nostri occhi possono bene apparire come altrettante insolenze. Per esempio: al sano buonsenso, e al suo realismo, non sembra forse una canzonatura del mondo dire, come fa Schopenhauer all'inizio del suo capo-

---

1. Correggendo tardivamente la sua sfacciata misoginia, Schopenhauer avrebbe confidato a un'amica di Malwida von Meysenbug la seguente ritrattazione: «Non ho ancora detto la mia ultima parola sulle donne: io credo che la donna, se riesce a staccarsi dalla massa, o meglio a elevarsi al di sopra di essa, cresca ininterrottamente e più dell'uomo, per il quale l'età segna un confine, mentre la donna si sviluppa sempre di più» (A. Schopenhauer, *Gespräche*, Frommann-Holzboog, Stuttgart-Bad Cannstatt, 1971, pp. 376-77; trad. it. *Colloqui*, a cura di Anacleto Verrecchia, Rizzoli, Milano, 1982, p. 316). Se non è vero, è molto ben trovato. È un fatto, comunque, che la pessimistica immagine della donna che Schopenhauer aveva coltivato per tutta la vita vacillò in seguito all'idilliaco rapporto con la scultrice Elisabeth Ney, che nell'autunno del 1859 gli aveva fatto visita a Francoforte per realizzare un suo busto. Sulla «conversione» del vecchio Schopenhauer rimando al resoconto semiserio che scrissi con Wolfgang Welsch per il bicentenario della nascita del filosofo: *Schopenhauers schwere Stunde*, in *Schopenhauer im Denken der Gegenwart*, a cura di Volker Spierling, Piper, München-Zürich, 1987, pp. 290-98.

lavoro, che esso «è una mia rappresentazione»? E così pure l'altra celebre tesi secondo cui «la vita oscilla, come un pendolo, tra il dolore e la noia» non è forse anch'essa un insulto contro il miracolo dell'esistenza?

Diverse sono pertanto le reazioni emotive che siffatte insolenze suscitano nel lettore, e che variano da un estremo all'altro: dal comico, come nel caso delle invettive contro la moda della barba o contro i rumori, specialmente quelli provocati dalla frusta dei carrettieri che disturbano il pensare; al tragico, per esempio quando oggetto di disapprovazione e di biasimo sono il maltrattamento degli animali e la vivisezione.

In ogni caso, le insolenze raccolte si imprimono nella nostra mente con la forza del paradigma da tenere presente ed emulare non appena la vita ce ne offrirà l'occasione.

Ecco allora che l'arte di insultare ci viene insegnata da Schopenhauer un po' come nelle antiche scuole si insegnava l'etica: non nel modo *docens*, cioè mediante una teoria astratta, bensì nel modo *utens*, ossia con l'esempio e la pratica.

Quanto poi al fatto che confezionando codesto almanacco avremmo imposto al grande filosofo il compito poco onorevole di impartirci un simile volgare insegnamento, non è il caso di scandalizzarsi troppo. Già Aristotele affermava che l'indignarsi è una virtù, e precisamente quale giusto mezzo tra l'indifferenza e la collericità di fronte a un oltraggio patito o a un'ingiustizia subita (*Etica Ni-comachea*, IV, 11): e che cosa esprime meglio l'indignazione di un buon insulto? Ai giorni nostri, poi, persino un'anima raffinata come Borges, in una nota inclusa nella *Storia dell'eternità*, ha descritto concisamente i pregi dell'arte dell'insulto, nella speranza che prima o poi qualcuno ne compilasse davvero una. Questo Schopenhauer postumo dovrebbe accontentarlo.

EDIZIONI DI A. SCHOPENHAUER UTILIZZATE

Sämtliche Werke, a cura di Paul Deussen, 13 voll., Piper, München, 1911-1942.

Sämtliche Werke, a cura di Arthur Hübscher, 7 voll., terza ediz., Brockhaus, Wiesbaden, 1972; quarta ediz. riveduta da Angelika Hübscher, Brockhaus, Mannheim, 1988.

Der handschriftliche Nachlaß, a cura di Arthur Hübscher, 5 voll. in 6 tomi, Kramer, Frankfurt a. M., 1966-1975; ristampa anastatica, Deutscher Taschenbuch Verlag, München, 1985; ediz. italiana *Scritti postumi*, Adelphi, Milano, 1996-.

Werke in fünf Bänden, a cura di Ludger Lütkehaus, Haffmans, Zürich, 1988.

Gespräche, a cura di Arthur Hübscher, Frommann-Holzboog, Stuttgart-Bad Cannstatt, 1971; trad. it. *Colloqui*, a cura di Anacleto Verrecchia, Rizzoli, Milano, 1982.

I due problemi fondamentali dell'etica, a cura di Giuseppe Faggin, Boringhieri, Torino, 1961.

Parerga e paralipomena, tomo I a cura di Giorgio Colli, tomo II a cura di Mario Carpitella, Adelphi, Milano, 1981-1983; nuova ediz. riveduta, 1998.

Per i brani tratti dal *Mondo come volontà e rappresentazione* ci siamo serviti della nuova traduzione di Sossio Giametta, di prossima pubblicazione presso Adelphi. Si ringrazia Sossio Giametta per avercene consentito l'utilizzazione.

L'ARTE DI INSULTARE

Le abbreviazioni

Lo *studium brevitatis* arriva al punto di tagliare la coda al diavolo e scrivere Mefisto anziché Mefistofele.

L'abolizione del latino

L'abolizione del latino come lingua dotta universale e l'introduzione al suo posto dello spirito borghese delle letterature nazionali sono state per le scienze in Europa un vero disastro.

L'abolizione della pena di morte

A coloro che vorrebbero abolirla, bisogna rispondere: «Abolite prima l'omicidio dal mondo: poi potrete abolire anche la pena di morte».

L'Accademia Danese

Se lo scopo delle accademie fosse quello di reprimere, per quanto è possibile, la verità, di soffocare con tutte le forze l'ingegno e il talento e di conservare intatta la fama dei millantatori e dei ciarlatani, la nostra Accademia Danese questa volta vi avrebbe corrisposto in modo davvero egregio.

Ho irrefutabilmente dimostrato che l'Accademia Reale Danese ha chiesto proprio ciò che essa nega di aver chiesto, e *non* ha chiesto ciò che sostiene di aver domandato, anzi che non poteva nemmeno domandare.

Gli amici

Gli amici si dicono sinceri, ma in realtà sinceri sono i nemici.

Gli amici di casa

Gli *amici di casa* si chiamano così per lo più a ragione, perché sono amici più della casa che del padrone, sono cioè più simili ai gatti che ai cani.

L'amore

L'amore è il male. Codesto turbamento che vi rapisce, codesta serietà e codesto silenzio sono una meditazione del genio della specie. L'adolescente pronto a morire per colei che ama e il cui fiero sguardo non ha che lampi di generosità; la vergine che avanza circonfusa della sua grazia come di un'aurora, rivestita di una bellezza *che fa mormorare tra loro come cicale i vecchi* e cadere in ginocchio chiunque abbia un cuore umano, sono due macchine nelle mani di questo genio imperioso.

Esso non ha che un pensiero, un pensiero positivo e senza poesia: la durata del genere umano. Ammirate, se volete, i suoi procedimenti; ma non dimenticate che esso non pensa che a colmare i vuoti, a riparare le brecce, a mantenere l'equilibrio tra le provviste e la spesa, a tenere sempre abbondantemente popolata la stalla in cui il dolore e la morte recluteranno presto le loro vittime.

L'amore esclusivo

È un'illusione della voluttà a ingannare l'uomo, facendogli credere che troverà tra le braccia di una donna, dalla bellezza conforme ai suoi gusti, un piacere maggiore che in quelle di una qualsiasi altra; o addirittura a convincerlo fermamente, se indirizzata esclusivamente su un'*unica* donna, che il possederla gli procurerebbe un'immensa felicità.

L'amore per i figli, materno e paterno

L'amore materno primitivo è, come negli animali, puramente *istintivo,* e perciò cessa quando i figli non hanno più bisogno di cure fisiche ... L'amore del padre per i propri

29

figli è di un altro genere ed è più solido: esso è basato sul riconoscimento del proprio io più intimo nei figli, ed è, dunque, di origine metafisica.

L'amore sessuale, nell'uomo e nella donna

L'uomo tende per natura all'incostanza in amore, la donna alla costanza. L'amore dell'uomo cala sensibilmente non appena è stato soddisfatto: quasi tutte le altre donne lo eccitano più di quella che già possiede, perciò desidera variare. Invece l'amore della donna aumenta proprio da quel momento. Ciò dipende dal fine della natura, la quale mira a conservare la specie e quindi a moltiplicarla il più possibile. L'uomo infatti può comodamente generare in un anno più di cento figli, se ha a disposizione altrettante donne: la donna invece, per quanti uomini abbia, potrebbe comunque mettere al mondo un solo figlio all'anno (a prescindere dalle nascite gemellari). Perciò l'*uomo* va continuamente alla ricerca di altre donne, mentre la *donna* si attacca saldamente a un unico uomo: la natura infatti la spinge a conservarsi, d'istinto e senza alcuna riflessione, colui che nutrirà e proteggerà la futura prole.

L'amore spirituale

Fu una donna, Diotima, che insegnò a Socrate la scienza dell'amore spirituale; e fu Socrate, il divino Socrate, che, per eternare a suo piacimento il dolore della terra, trasmise al mondo, attraverso i suoi discepoli, questa scienza funesta.

L'amore in tempi di contagio

La sifilide estende i suoi effetti molto più in là di quanto potrebbe apparire a prima vista, poiché tale influsso non è semplicemente fisico, ma pure morale. Da quando la faretra di Amore contiene anche dardi avvelenati, nel rapporto reciproco dei sessi è intervenuto un elemento estraneo, ostile, anzi diabolico, e in ogni relazione è penetrata un'oscura e terribile sfiducia.

L'astrologia

Un esempio grandioso del miserabile *soggettivismo* degli uomini – onde essi riferiscono tutto a se stessi e da ogni pensiero ripiegano senz'altro e immediatamente su di sé – è fornito dall'*astrologia*, che riporta al meschino individuo il corso dei grandi corpi celesti, e così pure mette in relazione le comete del cielo con gli affari e le sciocchezze terrene.

Gli attori

La mia personale e lunga esperienza mi ha portato a ritenere che, in proporzione, la follia si manifesti con maggior frequenza tra gli attori. D'altronde costoro fanno un tale a-buso della loro memoria! Ogni giorno devono imparare una nuova parte o rinfrescare quella vecchia: tutti questi ruoli, però, non hanno tra loro alcun nesso, anzi sono in contraddizione e in contrasto reciproci, cosicché ogni sera l'attore deve sforzarsi di dimenticare completamente se stesso per essere un altro, del tutto diverso. Una vita del genere conduce direttamente alla follia.

Baader

Ci sono diverse specie di filosofi, astratti e
concreti, teoretici e pratici: ma questo Baa-
der è un filosofo insopportabile.

La barba

La barba, essendo quasi una maschera, dovrebbe essere proibita dalla polizia. Inoltre,
come distintivo del sesso in mezzo al viso, è
oscena e per questo piace alle donne.

La barba, si suol dire, è naturale nell'uomo.
Certo, e appunto per questo è perfettamen-
te adatta all'uomo nello stato di natura. Allo
stesso modo, però, nello stato di civiltà è naturale per l'uomo il radersi, poiché così si dimostra che la rozza violenza animalesca – il
cui contrassegno, avvertito immediatamente
da tutti, è quell'escrescenza pelosa, caratteristica del sesso maschile – ha dovuto cedere
alla legge, all'ordine e alla civiltà. La barba
ingrossa la parte animalesca del volto e la pone in rilievo. Per questo motivo essa dà al-
l'uomo un aspetto così evidentemente bruta-

le. Basta solo considerare un uomo barbuto di profilo mentre mangia! Costoro vorrebbero spacciare la barba come un *ornamento*. Tuttavia, da duecento anni a questa parte tale ornamento si poteva vedere soltanto sul volto degli ebrei, dei cosacchi, dei cappuccini, dei prigionieri e dei ladroni.

Come simbolo esterno della barbarie che prende sempre più il sopravvento si può considerare l'elemento che costantemente l'accompagna, cioè la lunga barba, codesto carattere sessuale, in mezzo al volto. Ciò significa che all'umanità si preferisce la mascolinità, la quale ci accomuna agli animali. Si vuole essere anzitutto un *maschio*, «*mas*», e soltanto in seguito un uomo. Il radersi la barba è derivato in tutte le epoche e i paesi di alta civiltà dal giusto sentimento antitetico per cui si vorrebbe essere anzitutto un *uomo*, trascurando l'animalesca caratteristica sessuale, e in certo modo un uomo *in abstracto*. La lunghezza della barba per contro è sempre proceduta di pari passo con la barbarie, cui già accenna il nome stesso.

Le belle crudeli

Un uomo che ama senza speranza la sua bella crudele può paragonarla epigrammaticamente allo specchio concavo, poiché quest'ultimo, come la donna amata, brilla incendia e consuma rimanendo esso stesso freddo.

Le biblioteche

Così come gli strati della terra conservano la serie degli esseri viventi delle epoche passate; allo stesso modo gli scaffali delle biblioteche conservano la serie degli errori del passato e le loro esposizioni, che, come quegli esseri, ai loro tempi erano quanto mai vivi e facevano molto rumore, ora invece stanno rigidi e pietrificati, là dove soltanto il paleontologo letterario li esamina.

Brutti e stupidi

Vi sono certi individui sul cui viso è impressa una tale ingenua volgarità e una tale bassezza del modo di pensare, nonché una tale limitatezza bestiale dell'intelletto, che ci stupisce come mai siffatti individui abbiano il coraggio di uscire con un simile viso e non preferiscano portare una maschera.

I carrettieri che schioccano con la frusta

Debbo denunciare come il rumore più imperdonabile e infame lo schioccare veramente infernale delle fruste nelle vie rumorose della città, che toglie alla vita ogni quiete e ogni raccoglimento. Nulla mi dà un'idea così chiara dell'ottusità e della sbadatezza degli uomini quanto il permesso di far schioccare la frusta. Questo improvviso e acuto schioccare, che paralizza il cervello e spezza e ammazza i pensieri, dovrebbe essere sentito dolorosamente da chiunque abbia in testa qualcosa che somiglia a un pensiero, e quindi dovrebbe disturbare centinaia di persone nella loro attività spirituale, per quanto di genere comune: a maggior ragione, allora, questo rumore penetra nelle meditazioni del pensatore con un dolore così micidiale, come quando la spada del boia stacca la testa dal tronco. Nessun suono ferisce il cervello in modo così tagliente quanto questo maledetto schioccare con la frusta; si sente addirittura come se la punta della corda della frusta penetrasse nel cervello, sul quale agisce come il tocco della mano agisce sulla *mimosa pudica*; e anche altrettanto a lungo. Con tutto il mio rispetto per la sacrosanta utilità, non capisco, però, perché un qualsiasi villano che sta portando via un carro di sabbia o di concime debba solo perciò avere il privilegio di soffocare in germe ogni pensiero che sorga nel cervello di diecimila teste in successione (una mezz'ora di strada attraverso la città). Martellate, abbaiare di cani e strilli di bambini sono orribili; ma l'unico vero e proprio assassino dei pensieri è lo schioccare con la frusta. Sembra fatto apposta per distruggere ogni momento di raccoglimento che a uno sia dato talvolta di avere ... Questo maledetto schioccare con la frusta non soltanto non è necessario, ma è perfino inutile. Il desiderato effetto psichico sui cavalli, a causa dell'abitudine generata dall'abuso di tale faccenda, si attutisce e finisce per mancare completamente il suo scopo; i cavalli non affrettano il passo per lo schioccare della frusta ... Perciò lo schioccare con la frusta rappresenta un mero arbitrio, anzi un insolente burlarsi da parte dei lavoratori manuali di coloro che lavorano con la testa. Che una simile infamia venga tollerata nelle città è una grande barbarie e ingiustizia ... Che un villano il quale, attraversando le vie strette di una città molto popolata con dei cavalli di posta liberi o montando un cavallo da tiro sciolto, o addirittura camminando a fianco degli animali, fa schioccare senza tregua e con tutte le sue forze una frusta lunghissima, non meriti di essere obbligato a scendere immediatamente per ricevere cinque bastonate date con convinzione, non mi convinceranno tutti i filantropi del mondo, con tutte le assemblee legislative che per buone ragioni sono contro le punizioni corporali ... Carrettieri, facchini, gente oziosa che sta agli angoli della strada e altri simili sono gli animali da soma della società umana; essi vanno senz'altro trattati umanamente, con giustizia, benevolenza, indulgenza e con le cure necessarie; ma non dovrebbe essere permesso loro di diventare con il chiasso petulante un impedimento alle aspirazioni più alte del genere umano. Vorrei sapere quanti grandi e bei pensieri abbiano già scacciato via dal mondo queste fruste con il loro schioccare. Se potessi comandare io, si dovrebbe creare nella mente dei carrettieri un *nexus idearum* indistruttibile fra lo schioccare con la frusta e il ricevere bastonate.

I cartesiani,
che negano la coscienza agli animali

Se un cartesiano si trovasse fra gli artigli di una tigre, capirebbe nel modo più chiaro quale precisa differenza essa sappia fare tra il suo io e il suo non-io.

I cattedratici

Bisogna considerare che molti dotti, con tutto il loro insegnamento cattedratico e i loro scritti, hanno ben poco tempo da dedicare a studi approfonditi. Il proverbio *docendo disco* [insegnando imparo] non è incondizionatamente vero, anzi, a volte si vorrebbe parodiarlo così: *semper docendo, nihil disco* [insegnando sempre, nulla imparo]; e non è del tutto infondato ciò che Diderot fa dire al nipote di Rameau: «E questi maestri, credete forse che capiscano le scienze che insegnano? Frottole, caro signore, frottole. Se essi possedessero queste cognizioni abbastanza per insegnarle, non le insegnerebbero». E perché? «Perché avrebbero speso la loro vita a studiarle».

Tutto sommato il foraggio della cattedra è il più adatto per dei ruminanti. Per contro, coloro che ricevono la loro preda dalle mani della natura si trovano meglio all'aria aperta.

La cattività inflitta agli animali

L'uomo imprigiona in un metro cubo d'aria l'uccello che è organizzato per spaziare nella metà del mondo; qui rinchiuso, esso lentamente muore, languendo e cantando, poiché:

> L'uccello nella gabbia
> canta non di piacere ma di rabbia,

non solo, ma l'uomo mette alla catena il suo amico più fedele, il cane, che è così intelligente! Non mi capita mai di vederne uno senza provare grandissima compassione per il cane e profonda indignazione per il suo padrone, e con vera soddisfazione ripenso a un caso narrato alcuni anni fa dal «Times»: un Lord, il quale teneva un bel cane alla catena, un giorno, attraversando il giardino, si azzardò ad accarezzarlo, ma il cane gli sbranò il braccio per tutta la lunghezza: ben fatto! Con ciò voleva dire: «Tu non sei il mio padrone, ma il mio diavolo, che vuole trasformare in inferno la mia breve esistenza». Possa ciò succedere a tutti quelli che mettono il cane alla catena. Anche tenere gli uccelli in gabbia è crudele: costringere in un metro cubo questi esseri, così favoriti dalla natura, che in rapido volo trascorrono gli spazi del cielo, per pascersi delle loro strida!

La cavalleria

La cavalleria come forma di vita sociale è tutta basata su un intreccio di usanze rozze e fatue, con le sue ridicole spacconate pedantescamente elaborate a sistema, con la sua degradante superstizione e con una venerazione per le donne degna delle scimmie, un residuo della quale, la galanteria, giustamente ricambiata con l'arroganza del sesso femminile, si è conservato fino a oggi, dando agli asiatici motivo costante di ridere degli europei, come ne avrebbero riso anche i greci.

Nell'età aurea del Medioevo quelle maniere giungevano fino a un formale e metodico servizio prestato alle donne con imprese eroiche, da loro imposte con le *cours d'amour*, con le ampollose poesie dei trovatori, e così via; bisogna però rilevare che queste pagliacciate, che del resto hanno un lato intellettuale, furono in uso soprattutto in Francia, mentre presso gli ottusi e materialistici tedeschi il ceto dei cavalieri si distingueva per le sbornie e le razzie: grandi boccali e castelli per le rapine erano all'ordine del giorno nei paesi germanici; alle corti dei regnanti non mancava, tuttavia, qualche fatuo cantante d'amore.

Il centro dell'universo

Se a ogni individuo fosse concesso di scegliere fra l'annientamento di sé e quello del mondo, non ho bisogno di dire da quale parte, nel maggior numero dei casi, penderebbe la bilancia. Ognuno fa di sé il centro dell'universo, riporta tutto a se stesso; e anche tutto ciò che accade, come ad esempio i più grandi mutamenti nel destino dei popoli, egli lo considera dapprima secondo il *suo* interesse e, per quanto questo sia meschino e remoto, ad esso pensa innanzitutto ... L'unico universo che ognuno conosce realmente e di cui ha coscienza, egli lo porta in sé come sua rappresentazione, e perciò ne è il centro. Ciascuno è dunque a se stesso tutto in tutto.

Il chiasso

Il chiasso è la più impertinente di tutte le interruzioni poiché interrompe, anzi spezza, i nostri pensieri. Ma dove non c'è nulla da interrompere il chiasso non sarà avvertito in modo particolare.

La tolleranza generale riguardo al chiasso inutile, ad esempio riguardo allo sbattere le porte, abitudine oltremodo maleducata e volgare, è addirittura un sintomo dell'ottusità generale e della povertà di idee. In Germania le cose stanno come se si mirasse a far sì che per il chiasso nessuno riesca a concentrarsi.

I cinesi

I cinesi sono in grado di concepire soltanto il governo monarchico, e non riescono a capire che cosa sia una repubblica. Quando, nel 1658, si recò in Cina un'ambasceria olandese, essa si vide costretta a far passare il principe d'Orange come suo re, perché altrimenti i cinesi sarebbero stati portati a considerare l'Olanda un covo di pirati che vivevano senza un capo.

Coito e gravidanza

Il coito è principalmente affare dell'uomo, la gravidanza invece solo della donna.

La commedia dell'universo

Come nelle api è insito l'istinto a costruire in comunità delle cellette e un'abitazione, anche nell'uomo dev'esserci il presunto impulso di rappresentare insieme nel mondo una grande commedia rigorosamente morale, in cui noi saremmo le marionette e nulla più. Però con questa importante differenza: che l'abitazione delle api arriva a compimento, mentre la commedia morale dell'universo si risolve di fatto in qualcosa di gravemente immorale.

I propri contemporanei

Quando si cerca di far progredire la conoscenza e l'intelligenza umana si incontra sempre la resistenza dei contemporanei, simile a un fardello che bisogna trascinare e che grava pesantemente al suolo, ribelle a ogni sforzo. Ci si deve consolare allora con la certezza che, se i pregiudizi sono contro di noi, abbiamo con noi la verità, la quale, dopo essersi unita al suo alleato, il tempo, è pienamente certa della sua vittoria, se non proprio oggi, sicuramente domani.

Il convento, e la mia filosofia

Un *convento* è un'unione di uomini che hanno fatto voto di povertà, castità, obbedienza

(cioè di rinunciare alla propria volontà) ...
E chi potrà chiamare una tale compagnia
un'associazione di pazzi e di buffoni, come
si è obbligati a fare in base a ogni filosofia
che non sia la mia?

La coscienza come tribunale

Kant istituisce nell'intimo dell'anima nostra
un tribunale completo, con processo, giudice, pubblica accusa, avvocato difensore e sen-
tenza. Se tutto avvenisse dentro di noi proprio come Kant immagina, dovremmo mera-
vigliarci che possa esistere un uomo, non dico tanto *cattivo*, ma così *stupido* da agire contro la coscienza ... In realtà, noi constatiamo
invece che l'efficacia della coscienza è in generale così debole che tutti i popoli hanno
sentito il bisogno di metterle accanto una religione positiva come aiuto, o addirittura di
sostituirla con questa.

Il cristianesimo, per come tratta gli animali

Un altro errore fondamentale assolutamente inspiegabile del cristianesimo ... è il fatto
che esso, contro natura, ha staccato l'essere
umano dal *mondo degli animali*, al quale appartiene per essenza, dando valore esclusivamente all'uomo e considerando gli animali addirittura come *cose* ... Il suddetto er-

rore fondamentale è la conseguenza della creazione dal nulla, secondo la quale il creatore (capp. 1 e 9 del *Genesi*) consegna all'uomo affinché li *domini*, cioè faccia su di loro quello che vuole, tutti gli animali, come se fossero cose e senza nessuna raccomandazione di trattarli bene, come fa perfino un venditore di cani quando si separa dai suoi cuccioli; poi, nel secondo capitolo, il creatore eleva l'uomo al posto di primo professore di zoologia, dandogli l'incarico di scegliere i nomi che essi avrebbero dovuto portare per sempre; questo, daccapo, non è che un simbolo della loro completa dipendenza dall'uomo, vale a dire della loro privazione di ogni diritto. Sacra Gaṅgā! Madre della nostra specie!

Un annuncio del benemerito Circolo per la protezione degli animali di Monaco, in data 27 novembre 1852, si sforza con le migliori intenzioni di citare dalla Bibbia «le prescrizioni che raccomandano la compassione per il mondo degli animali» ed elenca i seguenti brani: *Proverbi* di Salomone, 12, *10*; *Ecclesiastico*, 7, *24*; *Salmi*, 147, *9*; 104, *14*; *Giobbe*, 39, *41*; *Matteo*, 10, *29*. Ma tutto ciò non è che una *pia fraus*, basata sul calcolo che nessuno avrebbe cercato nella Bibbia i brani suddetti: soltanto il primo passo, assai noto, dice qualcosa che si riferisce al problema degli animali, ma l'idea vi è espressa in modo piuttosto fiacco; gli altri passi parlano, è vero, delle bestie, ma non del riguardo loro dovuto. E che cosa dice quel passo: «Il giusto ha pietà del proprio bestiame». «Ha pietà»! che razza di espressione! Si ha pietà di un peccatore, di un malfattore, ma non di un innocente e fedele animale che spesso procura il pane al suo padrone e non riceve che misero foraggio. «Aver pietà»! Non già pietà, ma giustizia si deve all'animale.

I critici letterari

Vi sono critici che ritengono di poter stabilire che cosa è bene e che cosa è male: credono infatti che la loro trombetta da bambini sia la tromba della Fama.

Le «dame»

La donna nell'Occidente, vale a dire ciò che si chiama la «dama», si trova in una *fausse position*: perché la donna, detta a ragione dagli antichi *sexus sequior*, non è affatto adatta a essere oggetto della nostra stima e venerazione, a tenere la testa più alta dell'uomo e ad avere gli stessi diritti. Le conseguenze di questa *fausse position* sono visibili a sufficienza. Sarebbe perciò desiderabile che, anche in Europa, a codesto numero due del genere umano fosse assegnato il posto che ha per natura, e che si mettesse freno a questo malvezzo delle «dame», di cui non soltanto ride tutta l'Asia, ma avrebbero riso anche la Grecia e Roma: la cessazione di queste assurdità comporterebbe conseguenze incalcolabilmente benefiche dal punto di vista sociale, civile e politico ... La vera «dama» europea è un essere che non dovrebbe proprio esistere; invece dovrebbero esserci massaie e ragazze che sperano di diventarlo, e perciò vengono educate non all'arroganza, ma alla vita domestica e alla sottomissione.

I demagoghi

Dovunque e in tutti i tempi vi è stata molta insoddisfazione verso i governi, le leggi e le istituzioni pubbliche; per lo più, tuttavia, perché si è sempre pronti ad addossare a questi la miseria che è inseparabile dall'esistenza umana, in quanto, per parlare con il mito, è la maledizione che colpì Adamo e, con lui, tutto il genere umano. Mai, però, quel falso miraggio è stato adoperato in modo così mendace e spudorato come dai demagoghi dell'«epoca attuale». Costoro, come nemici del cristianesimo, sono ottimisti: il mondo per loro è «fine a se stesso» ed è perciò in sé, cioè secondo la sua naturale costituzione, istituito in modo affatto eccellente, la vera sede della felicità. I mali colossali che contraddicono a tutto ciò essi li attribuiscono interamente ai governi: se questi, infatti, facessero il loro dovere, vi sarebbe il paradiso sulla terra, cioè tutti potrebbero senza fatica ed afflizioni pascersi, trincare, propagarsi e crepare: questa è la parafrasi del loro «fine a se stesso» e lo scopo dell'indefinito «progresso dell'umanità» che non si stancano di declamare con frasi pompose.

Il desiderio sessuale

Il desiderio sessuale, soprattutto quando si concentra nell'innamoramento, fissandosi su una donna determinata, è la quintessenza dell'imbroglio di questo nobile mondo; perché promette così indicibilmente, infinitamente e straordinariamente molto, e mantiene poi così miserabilmente poco.

La lotta con il destino

È un concetto ridicolo, se non altro perché implica la lotta con un avversario invisibile, un guerriero dal manto fatato contro il quale ogni colpo andrebbe a vuoto e nelle braccia del quale ci si butta proprio quando si vuole evitarlo, come è successo a Laio e a Edipo. A ciò si aggiunga il fatto che il destino è onnipotente, perciò combattere con esso sarebbe la più ridicola di tutte le presunzioni.

Dio

Se un dio ha fatto questo mondo, non vorrei essere quel dio: la miseria del mondo mi spezzerebbe il cuore.

Nella filosofia moderna Dio è quello che erano gli ultimi re franchi tra i *majores domus,* un nome vuoto che si mantiene per poter vivere in modo più comodo e senza contestazioni.

Dio come persona, creatore del mondo

Se si studia il buddhismo nelle sue fonti ci si rischiara la mente: qui non ci sono le stupide chiacchiere sul mondo creato dal nulla e su un tizio personale che lo avrebbe fatto. Al diavolo questa porcheria!

Il diritto ereditario

Che la proprietà guadagnata con difficoltà, a costo di grandi fatiche e pesante lavoro continuativo, capiti poi nelle mani di donne, le quali, data la loro sventatezza, la dilapidano in breve tempo, è una grossa quanto frequente assurdità che si dovrebbe impedire limitando il diritto delle donne all'eredità.

La donna in genere

Già la vista della figura femminile insegna che la donna non è destinata a grandi lavori, né spirituali, né fisici. Essa sconta la colpa della vita non agendo, ma patendo con i dolori del parto, con la cura per il bambino, con la sottomissione all'uomo, del quale dev'essere una compagna paziente e serena.

La donna da amare

La principale considerazione che guida la nostra scelta e la nostra inclinazione è l'*età*.

Complessivamente, gli anni accettabili sono quelli compresi tra la prima e l'ultima mestruazione, tuttavia noi preferiamo decisamente il periodo compreso tra il diciottesimo e il ventottesimo anno. All'infuori di quegli anni nessuna donna può attrarci: una donna vecchia, ossia non più mestruata, ci provoca repulsione. La giovinezza senza la bellezza ha pur sempre del fascino; la bellezza senza la giovinezza non ne ha alcuno.

La donna e le sue armi naturali

La natura ha destinato le giovinette a quello che, in termini teatrali, si chiama «colpo di scena»: infatti, per pochi anni la natura ha donato loro rigogliosa bellezza, fascino e pienezza di forme, a spese di tutto il resto della loro vita, affinché, durante quegli anni, siano capaci di impadronirsi della fantasia di un uomo in misura tale che egli sia indotto a prendersi onestamente una di loro per tutta la vita, in una forma qualsiasi, passo al quale la mera riflessione razionale non sembrerebbe aver dato nessuna sicura garanzia di invogliare l'uomo. Perciò la natura ha provvisto la femmina, appunto come ogni altra sua creatura, delle armi e degli utensili di cui ha bisogno per la sicurezza della sua esistenza e per tutto il periodo in cui ne ha bisogno; e anche qui la natura ha provveduto con la sua consueta parsimonia. Come ad esempio la formica femmina, dopo l'accoppiamento, perde le ali, superflue, anzi pericolose per la prole, così di solito, dopo una o due gravidanze, la donna perde la sua bellezza e probabilmente perfino per la stessa ragione.

Le donne, in quanto sesso più debole, sono costrette dalla natura a far ricorso non già alla forza, ma all'astuzia: di qui deriva la loro istintiva scaltrezza e la loro insopprimibile tendenza alla menzogna. Poiché, nello stesso modo in cui la natura ha armato il leone di artigli e denti, l'elefante e il cinghiale di zanne, il toro di corna e la seppia dell'inchiostro che intorbida l'acqua, così ha dotato la donna dell'arte di fingere per proteggersi e difendersi, e tutta la forza che ha dato all'uomo sotto forma di vigore fisico e di ragione è stata fornita dalla natura alla donna sotto forma della suddetta qualità. La finzione è perciò innata nella donna, ed è propria, quasi nella stessa misura, della donna stupida come di quella intelligente. Farne uso in ogni occasione è quindi naturale a lei com'è naturale per quegli animali usare immediatamente, a ogni attacco, le armi.

Le donne e i bambini

Le donne sono adatte a curarci ed educarci nell'infanzia appunto perché sono esse stesse puerili, sciocche e miopi, in una parola rimangono per tutta la vita grandi bambini:

esse occupano una specie di gradino inter-
medio fra il bambino e l'uomo, che è il vero
essere umano.

La donna e il comando

Che la donna, per natura, sia stata destinata
all'obbedire si può riconoscere dal fatto che
ogni donna che venga messa nella posizione
per lei innaturale di completa indipendenza
subito si unisce a un uomo, dal quale si lascia
guidare e dominare, perché ha bisogno di
un padrone. Se è giovane sarà un amante; se
è vecchia, un confessore.

Le donne e il denaro

Le donne credono in cuor loro che l'uomo
sia destinato a guadagnare denaro, esse, invece, a spenderlo; se possibile, mentre il marito è ancora vivo, ma quanto meno dopo la
sua morte. Già il fatto che il marito consegni
alla moglie il denaro per le spese di casa
rafforza la donna in questa opinione.

Le donne e la finzione

È forse impossibile trovare una donna veramente sincera, che non finga. Ma per la stessa ragione le donne scoprono facilmente la

finzione altrui, e non è consigliabile tentare di ricorrervi nei loro riguardi.

Le donne e il giuramento

Le donne si rendono colpevoli di spergiuro giudiziario molto più spesso degli uomini. È estremamente discutibile se in generale si possano ammettere le donne al giuramento.

Le donne e la giustizia

Le donne, che per la debolezza della loro ragione sono meno atte degli uomini a comprendere i princìpi generali, a tenerli a mente e ad assumerli come loro norme, sono quasi sempre inferiori agli uomini nella virtù della giustizia, e quindi anche nell'onestà e nella coscienziosità: perciò l'ingiustizia e la falsità sono le loro colpe più comuni e la menzogna il loro peculiare elemento ... Il solo pensiero di vedere le donne nell'ufficio di giudice fa ridere.

Quanto a giustizia, onestà e coscienziosità le donne sono inferiori agli uomini. A causa del loro debole raziocinio, infatti, ciò che è presente, concreto, direttamente reale esercita su di esse un potere contro il quale i pensieri astratti, le massime stabili, le decisioni ferme, in generale ciò che riguarda il passato e il futuro, ciò che è assente e lontano, di rado riescono a farsi valere.

Le donne e l'intelligenza

La mancanza di intelligenza non guasta con le donne: è piuttosto l'intelligenza eccessiva, o addirittura il genio, che, non essendo normale, potrebbe avere un effetto sfavorevole. Perciò si vede spesso che, con le donne, un essere brutto, stupido e rozzo ha più successo di un uomo colto, intelligente e amabile.

Massa di cascamorti che non siete altro, vittime innocenti che credete, coltivando lo spirito delle donne, di elevarle fino a voi, non vi siete ancora accorti che esse, da quando sono le regine della vostra società, spesso hanno spirito, per caso hanno genio, ma intelligenza mai? O, se volete, quel tanto che ne hanno somiglia all'intelligenza dell'uomo come il girasole, fiore dei giardini, somiglia al sole, re della luce.

Le donne e il loro interesse

Le donne non sono capaci di un *interesse puramente oggettivo* per checchessia, e la causa ne è, secondo il mio parere, il fatto seguente: l'uomo cerca di ottenere in ogni caso un dominio *diretto* sulle cose, sia mediante la comprensione, sia mediante la costrizione. La donna, invece, è dovunque e sempre costretta a contentarsi di un dominio *indiretto,* cioè mediante l'uomo, l'unico che può dominare direttamente. Perciò è nella natura delle donne considerare tutto solamente come mezzo per conquistare il maschio, e il loro interesse per qualcos'altro è sempre e soltanto un interesse simulato, un mero stratagemma, vale a dire che esso si riduce a civetteria e scimmiottatura ... Basta osservare la direzione e la qualità della loro attenzione al concerto, all'opera e a teatro; per esempio, vedere la disinvoltura infantile con la quale continuano le loro chiacchiere durante le parti più belle dei massimi capolavori.

Le donne e la menzogna

Come la seppia, la donna si avviluppa nella dissimulazione e nuota a suo agio nella menzogna.

Ogni uomo mentiva già dai tempi di Salomone; ma allora la menzogna, vizio di natura o capriccio del momento, non era ancora, come è diventata per ognuno sotto il regno benedetto delle donne, necessità e legge.

Le donne e la loro missione

Le donne sono destinate unicamente alla propagazione del genere umano e in ciò si esaurisce il loro compito ... esse prendono a cuore assai più gli interessi della specie che quelli dell'individuo. Ciò conferisce all'intero loro essere e agire una certa spensieratezza e, in generale, un orientamento fondamentalmente diverso da quello dell'uomo:

di qui deriva la frequente e quasi normale disarmonia nel matrimonio.

Le donne e la modernità

Sono loro che hanno maggiormente contribuito a inoculare nel mondo moderno la lebbra che lo rode.

Le donne e le loro opere

Le teste più dotate dell'intero sesso femminile non sono mai riuscite a creare una sola opera realmente grande, genuina e originale nelle belle arti né, in generale, sono mai state capaci di produrre una qualche opera di valore duraturo ... Singole e parziali eccezioni non cambiano nulla.

Le donne e il patrimonio

Tutte le donne, con rare eccezioni, sono inclini allo sperpero. Perciò ogni patrimonio, ad eccezione dei rari casi in cui l'abbiano acquistato esse stesse, dovrebbe essere messo al sicuro dalla loro stoltezza.

Le donne e la politica

Non sarà forse in Francia l'influenza delle donne, accresciutasi continuamente dall'e-

poca di Luigi XIII, la responsabile della graduale decadenza della corte e del governo,
che ha condotto a quella prima rivoluzione
dalla quale sono poi derivati tutti i successivi
rivolgimenti?

La donna e la sua posizione sociale

Una falsa posizione del sesso femminile, della quale il sintomo più evidente è il nostro
modo di trattare le «dame», è un male fondamentale dello stato sociale, che, dal suo
cuore, non può non estendere la sua influenza micidiale a tutte le sue parti.

Le donne povere

Le donne che erano povere prima di sposarsi sono assai spesso piene di pretese e prodi-
ghe più di quanto lo siano quelle che hanno portato al marito una ricca dote ... Vorrei
comunque consigliare a chi sposa una ragazza povera di non lasciarle poi in eredità il ca-
pitale, ma una semplice rendita, e in particolare di prendersi cura che il patrimonio dei
figli non finisca nelle sue mani.

Gli ebrei

Non dobbiamo dimenticare gli ebrei, popolo eletto da Dio, che in Egitto dopo avere rubato, per ordine speciale di Dio, ai loro vecchi amici fiduciosi i recipienti d'oro e d'argento loro prestati, intrapresero, con a capo l'assassino Mosè, una campagna di massacri e rapine nella terra promessa al fine di strapparla ai legittimi proprietari, con l'ordine espresso e sempre ripetuto dello stesso Yahweh di non conoscere alcuna pietà, e ricorrendo ai massacri più spietati e alla distruzione di tutti gli abitanti, compresi donne e bambini (*Giosuè*, 10 e 11).

L'egualitarismo

L'intelletto non è una grandezza estensiva bensì intensiva: perciò un solo individuo può tranquillamente opporsi a diecimila, e un'assemblea di mille imbecilli non fa una persona intelligente.

La mia epoca

La mia epoca e io non siamo fatti l'uno per l'altro: questo è chiaro. Ma è da vedere chi di noi due vincerà il processo di fronte al tribunale dei posteri.

L'ereditarietà

Nessuno scriverà mai un'*Iliade* se avrà avuto come madre un'oca e come padre un dormiglione, neppure nel caso in cui voglia studiare in sei università.

Gli eruditi

La *parrucca* è il simbolo ben scelto dell'erudito puro in quanto tale. Essa è un ornamento del capo, formato da un'abbondante massa di capelli altrui, in mancanza dei propri; parimenti, l'erudizione consiste nel provvedere il capo d'una gran massa di pensieri altrui che, per la verità, non lo coprono in modo sufficiente e naturale, né sono adatti a tutti i casi e gli scopi, né hanno radici abbastanza salde, né, quando sono logori, possono essere sostituiti da altri della stessa origine, come avviene per quelli nati dal proprio terreno.

Per colui che studia per raggiungere *l'intelligenza delle cose*, i libri e gli studi sono meri pioli della scala, sulla quale egli sale al vertice della conoscenza: non appena un piolo lo ha sollevato di un passo, egli se lo lascia indietro. I molti invece, che studiano per riempirsi la memoria, non utilizzano i pioli della scala per salire, ma li raccolgono e se ne caricano per portarli con sé, rallegrandosi per il crescente peso del carico. Essi rimangono eternamente in basso, perché sono loro a portare ciò che avrebbe dovuto portarli.

L'erudito puro e semplice, per esempio un ordinario di Göttingen, guarda al genio all'incirca come noi guardiamo alla lepre, che soltanto dopo morta è buona da mangiare e da cucinare: perciò come a qualcuno sul quale, finché è vivo, bisogna sparare.

L'erudizione

L'erudizione mi sembra paragonabile a una pesante corazza, che rende bensì l'uomo forte assolutamente invincibile, ma che per il debole è un peso sotto il quale egli alla fine soccombe.

La nostra esistenza

La nostra esistenza a nulla somiglia tanto quanto alla conseguenza di un fallo e di una cupidigia da punire.

L'esistenza è un episodio del nulla.

La falsa fama

Una simile fama somiglia alle vesciche di bue con le quali un corpo pesante rimane a galla. Le vesciche lo reggono più o meno a lungo, a seconda che siano ben gonfiate e legate; tuttavia l'aria trasuda a poco a poco, e il corpo comincia ad affondare.

La fede

La fede è come l'amore: non si può ottenerla con la forza.

Fede e sapere

Fede e sapere non vanno d'accordo nello stesso cervello: essi vi stanno come lupo e pecora nella medesima gabbia; e il sapere è il lupo che minaccia di divorare il suo vicino.

Il sapere è fatto di materia più dura della fede, di modo che, quando cozzano fra loro, la fede si spezza.

La fedeltà coniugale

La fedeltà coniugale è artificiale nell'uomo, naturale nella donna: perciò l'adulterio della donna è molto più imperdonabile di quello dell'uomo, sia oggettivamente per via delle conseguenze, sia soggettivamente perché contro natura.

La felicità

C'è *un unico* errore innato, ed è quello di credere che noi esistiamo per essere felici.

Ogni soddisfazione, o ciò che in genere si chiama felicità, è propriamente ed essenzialmente sempre e soltanto *negativa* e mai positiva.

La felicità nel mondo

Tappatevi pure le orecchie al gemito che si leva in ogni momento da ogni angolo della terra, vasto, acuto, continuo come il mormorio dell'oceano; tenetevi lontano dalle prigioni e dagli ospedali, dagli stambugi in cui si annida la miseria, dalle cloache in cui si avvoltola la dissolutezza accoppiata alla fame, e interrogate unicamente, non dico i ricchi e i privilegiati, ma quelli i cui anni sono scanditi dalle virtù: se affermano di essere felici, mentono e sono malvagi.

Le ferrovie

Il *più grande beneficio arrecato dalle ferrovie* è che esse risparmiano un'esistenza disgraziata a milioni di cavalli da tiro.

Fichte

Nel vecchio teatro delle marionette tedesco, a lato dell'imperatore o di un eroe qualsiasi c'era sempre un pagliaccio (*Hanswurst*) che ripeteva, alla sua maniera ed esagerando, tutto ciò che diceva o faceva l'eroe: così dietro il grande Kant si ritrova l'autore della *Wissenschaftslehre* [Dottrina della scienza] o, più esattamente, della *Wissenschaftsleere* [Vuoto della scienza]. Costui, per portare a compimento il suo piano, del tutto adatto e gradito al pubblico filosofico tedesco, cioè far rumore per mezzo di una mistificazione filosofica e far così gli interessi di sé e dei suoi, sorpassò Kant in tutti gli aspetti, si fece avanti come il suo vivente superlativo ed esagerando tutti i particolari più evidenti riuscì a produrre una caricatura della filosofia kantiana; allo stesso modo si comportò anche nella morale. Nel suo *Sistema della dottrina dei costumi* ritroviamo l'imperativo categorico trasformato in un imperativo dispotico: il dovere assoluto, la ragione legislatrice e l'obbligazione interiore sono diventati un *fatum* morale, una necessità insondabile, la quale co-

64

manda che l'umanità agisca rigorosamente secondo certe massime; a giudicare da questa prospettiva morale, tutto ciò dovrebbe essere molto importante, benché di fatto non si riesca a capire *che cosa*.

Si rivela ben chiara la rozzezza filosofica di Fichte, come c'è da aspettarsi da un uomo al quale l'insegnamento non ha lasciato il tempo di imparare.

Il figlio di Fichte, il filosofo Immanuel Hermann

Gia a Berlino lo chiamavano semplicemente *Simplicissimus*.

La filosofia, in cattedra e a congresso

Cattedre pubbliche spettano soltanto alle scienze già costituite e realmente sussistenti, che, per poter essere insegnate ad altri, debbono essere state apprese: in conclusione sono soltanto da trasmettere ... ciò non significa che venga sottratta ai cervelli più capaci la possibilità di arricchirle, modificarle e perfezionarle. Una scienza che invece non esiste ancora, che non ha ancora raggiunto il suo fine, che neppure conosce con sicurezza la sua strada, e la cui possibilità è tuttora contestata, sembra propriamente assurdo che possa venire affidata all'insegnamento di professori. Eppure ciò avviene: la conseguenza naturale è che ciascuno di tali professori crede suo compito il creare la scienza ancora mancante, senza pensare che un simile compito può essere assegnato soltanto dalla natura e non già dal Ministero della Pubblica Istruzione. Egli si sforza dunque per quel che può, mette al più presto al mondo il suo aborto spacciandolo per la tanto agognata *sophia*, e non mancherà di certo un collega servizievole disposto a far da padrino al battesimo. In seguito a ciò questi signori, per il fatto di vivere alle spalle della filosofia, diventano tanto arditi da chiamarsi *filosofi* e pensano altresì che spetti a loro la grande parola decisiva nei riguardi della filosofia: anzi, hanno persino il coraggio di indire *congressi filosofici* (una *contradictio in adjecto*, poiché è raro che si trovino contemporaneamente al mondo due filosofi, e quasi mai avviene che ve ne sia un numero maggiore) e di corrervi a schiere per consultarsi sul bene della filosofia.

La filosofia futura

Chi mi vorrà superare potrà andare in larghezza, ma non in profondità.

La filosofia come professione

La via che conduce alla verità è scoscesa e lunga, e nessuno la potrà percorrere con un

ceppo al piede: sarebbero piuttosto necessarie le ali. Io sarei dell'idea che la filosofia
debba cessare di essere un mestiere: l'eleva-
tezza della sua aspirazione non lo permet-
te, come del resto gli antichi hanno già riconosciuto. Non è affatto necessario che ogni
università si tenga un paio di scipiti chiac-
chieroni che facciano prendere in uggia ai
giovani per il resto della loro vita tutta la
filosofia.

La filosofia nelle università

Che diavolo importa della mia filosofia alma-
naccona, mancante di codesti essenziali re-
quisiti, senza riguardi e priva di nutrimento
da offrire – che ha per sua stella polare soltanto la verità, la nuda, non remunerata, non
amicata, spesso perseguitata verità, e che,
senza guardare né a destra né a sinistra, fa
rotta su questa –, a quella *alma mater*, alla
buona, nutriente filosofia universitaria che,
gravata da cento mire e da mille riguardi, se
ne viene cautamente barcamenandosi per la
sua strada, avendo costantemente davanti a-
gli occhi la paura del padrone, la volontà del
Ministero, i canoni della Chiesa locale, i de-
sideri dell'editore, l'appoggio degli studenti,
la buona amicizia dei colleghi, l'andamento
della politica del giorno, la tendenza mo-
mentanea del pubblico e quant'altro mai? O
che cosa ha in comune la mia silenziosa, seria ricerca della verità con la stridula gazzar-

ra scolastica di cattedre e banchi, i cui intimi moventi sono sempre fini personali?

Tutto lo scandalo filosofico di questi ultimi cinquant'anni è stato possibile soltanto grazie alle università, con il loro pubblico di studenti creduloni che accettano tutto quanto piace dire al signor professore.

Se non si trattasse d'altro che di favorire la filosofia e di avanzare sulla strada della verità, io raccomanderei come cosa migliore di porre un termine alla ciarlataneria che viene esercitata in questo campo nelle università. Queste, infatti, non sono davvero il luogo adatto per una filosofia seriamente e onestamente intesa, il cui posto è preso sin troppo spesso colà da una marionetta azzimata, rivestita dei suoi abiti, che si mette in moto e gesticola come un *nervis alienis mobile lignum* [burattino di legno mosso da altri].

Il francese

Nel 1857 è comparsa la quinta edizione di un libro adoperato all'università: *Notions élémentaires de grammaire comparée, pour servir à l'étude des trois langues classiques, rédigé sur l'invitation du ministre de l'Instruction publique, par Egger, membre de l'Institut, eccetera*. E, invero – *credite posteri!* [Orazio, *Carmina*, II, 19, 2] – la *terza lingua classica* di cui si parla è... la *france-*

se. Dunque questo miserrimo gergo roman-
zo, questa pessima mutilazione di parole la-
tine, questa lingua che dovrebbe guardare
con profondo rispetto alla sua più antica
e assai più nobile sorella, l'italiano, questa
lingua che ha come esclusiva peculiarità il
disgustoso suono nasale, *en, on, un*, come pure il singhiozzante accento così indicibilmente ripugnante sull'ultima sillaba, mentre tutte le altre lingue hanno la penultima lunga,
che produce un effetto così delicato e paca-
to, questa lingua, nella quale non esiste metro ma soltanto la rima, per lo più in *é* o *on*,
costituisce la forma della poesia: questa lingua meschina viene qui posta come *langue
classique* accanto al greco e al latino! Invoco il
biasimo dell'Europa tutta per umiliare questi spudoratissimi fanfaroni.

I francesi

Le altre parti del mondo hanno le scimmie;
l'Europa ha i *francesi*. La cosa si compensa.

I francesi, comprese le accademie, trattano in
modo abominevole la lingua greca ... Sarebbe davvero molto gentile da parte degli eru-
diti francesi se volessero almeno fingere di
capire il greco ... Siccome, poi, i signori del-
l'Accademia si apostrofano sempre l'un l'altro con il titolo di *mon illustre confrère*, e questa usanza, specialmente da lontano, fa un

grande effetto per la luce che essi riflettono l'uno sull'altro, prego vivamente gli *illustres confrères* di meditare sulla questione: dunque, o lascino in pace la lingua greca e si contentino del proprio gergo, oppure adoperino le parole greche senza storpiarle.

Il gergo dei filosofi universitari

Sentir cantare il rauco o veder danzare lo zoppo è penoso, ma udir filosofare il cervello limitato è insopportabile. Per nascondere la mancanza di veri pensieri, molti mettono assieme un imponente apparato di parole lunghe e composte, di intricati fioretti retorici, di periodi sterminati, di espressioni nuove e inaudite, il che costituisce nel suo complesso un gergo per quanto possibile arduo e dall'apparenza assai erudita. Con tutto ciò però essi non dicono nulla: da loro non si riceve alcun pensiero, non ci si sente accresciuta la propria visione del mondo, e si deve sospirare: «Odo il ruotare del mulino, ma non vedo la farina». O per meglio dire, si vede anche troppo chiaramente quali povere, comuni, piatte e rozze idee siano nascoste dietro tale gonfia ampollosità.

Giacobbe

Ci viene raccontata come un'impresa estremamente gloriosa l'infame canagliata già commessa dal patriarca Giacobbe e dai suoi eletti ai danni di Camor, re di Salem, e del suo popolo (*Genesi*, 34), appunto perché erano miscredenti.

Il gioco delle carte

In modo del tutto particolare il bisogno di eccitare la volontà si rivela nell'invenzione e nella fortuna del gioco delle carte, che è l'espressione più autentica del lato miserevole dell'umanità.

In tutti i paesi l'attività principale di ogni società è stata il gioco delle carte: esso è la misura del valore di tale società, e la bancarotta dichiarata di tutti i pensieri. Dal momento che non hanno alcun pensiero da scambiarsi, essi si scambiano delle carte e cercano di sottrarsi fiorini a vicenda. Oh, stirpe miserabile!

Il gioco delle carte esercita un influsso dannoso sulla morale. È insito infatti nel gioco il cercare in ogni modo, con ogni colpo e ogni trucco, di carpire agli altri il loro denaro. Senonché l'abitudine di comportarsi così nel gioco si radica, si estende alla vita pratica, tanto che poco per volta ci si comporta alla stessa maniera per decidere ciò che è mio e ciò che è tuo, e si ritiene lecito sfruttare in ogni modo qualsiasi vantaggio che si abbia in mano, purché la cosa sia legalmente permessa.

I giochi di parole in filosofia

A dare questa *dignità profetica* alla ragione è servito perfino un miserabile gioco di parole: poiché *Vernunft* [ragione] deriva da *vernehmen* [appercepire], si sostenne che la ragione sia la facoltà di *appercepire* il cosiddetto «sovrasensibile» (νεφελοκοκκυγία, la città dei cuculi fra le nuvole). L'idea ebbe un'immensa fortuna: per trent'anni in Germania venne incessantemente ripetuta con ineffabile soddisfazione, fu posta, anzi, come pietra angolare dell'edificio filosofico; ora, è chiaro che *Vernunft* deriva indubbiamente da *vernehmen*, ma solo perché essa concede all'uomo, rispetto all'animale, il privilegio di *comprendere*, oltre che di *udire*, non già ciò che accade nella città delle nuvole e dei cuculi, ma ciò che un uomo ragionevole dice a un altro: questo viene *compreso* dal secondo, e tale capacità si chiama *ragione*.

Gioia e godimento

Il dolore è dunque l'elemento *positivo*, che si rivela per se stesso; il godimento e la gioia solo l'elemento *negativo*, la mera eliminazione del primo.

I giornali

I quotidiani sono la lancetta dei secondi nell'orologio della storia. Lancetta che non solo è stata fabbricata quasi sempre con metalli meno nobili di quelli delle altre due lancette, ma che ben di rado indica il tempo giusto.

I giornalisti

Una grande quantità di cattivi scrittori vive unicamente della stoltezza del pubblico, che non vuole leggere se non ciò che è stato stampato il giorno stesso: sono i giornalisti. Il nome coglie nel segno! Si dovrebbe dire: «operaio pagato alla giornata».

Tutti i giornalisti sono, per via del mestiere che fanno, degli allarmisti: è il loro modo di rendersi interessanti. Essi somigliano in ciò a dei botoli che, appena sentono un rumore, si mettono ad abbaiare forte. Bisogna perciò badare ai loro squilli d'allarme solo quel tanto che non guasti la digestione.

Il giudaismo, che nega i diritti degli animali

La presunta mancanza di diritti degli animali, l'opinione che il nostro comportamento verso di loro non abbia valore etico, o che, come si dice nel linguaggio di quella morale, non ci siano doveri verso di loro, è una dottrina ributtante che appartiene alla brutalità e alla barbarie dell'Occidente e ha la sua fonte nel giudaismo.

I giudici popolari

Invece di giudici istruiti ed esperti, che sono invecchiati a raccapezzarsi quotidianamente fra le astuzie e i raggiri dei ladri, degli assassini, degli imbroglioni e in tal modo hanno imparato a capire queste cose, siedono ora in tribunale sarti e calzolai per ricavare, con la loro mente goffa, rozza, inesperta, balorda e neppure capace di attenzione continua, la verità dal tessuto ingannevole dell'imbroglio e dell'apparenza, mentre per di più pensano alla loro stoffa e al loro cuoio e desiderano tornarsene a casa, né hanno una chiara idea della differenza tra verosimiglianza e certezza, ma piuttosto, nella loro stupida testa, fanno una specie di calcolo delle probabilità in base al quale poi decidono tranquillamente della vita degli altri ... Far giudicare addirittura i delitti contro lo Stato e il suo capo, e anche i reati di stampa, dalle giurie popolari vuol dire veramente dar le pecore in guardia al lupo.

La gloria

La gloria è il chiasso della vita, e la vita è la più grande parodia della volontà, cioè qualcosa che è ancora più menzognero dell'uomo.

Hegel

Sciupatore di carta, di tempo e di cervelli.

No, quello che vedete non è un'aquila, guardategli le orecchie.

In Germania si è potuto strombazzare un repellente e insulso ciarlatano e scombiccheratore di assurdità senza pari, Hegel, come il più grande filosofo di tutti i tempi, e molte migliaia di persone l'hanno rigidamente e fermamente creduto per vent'anni, finanche fuori di Germania l'Accademia Danese, che è scesa in campo per la gloria di costui contro di me e ha voluto farlo valere come un *summus philosophus*.

Se una combriccola di giornalisti congiurati per magnificare il male, se professori stipendiati della hegelianeria e meschini liberi docenti che vorrebbero diventare anch'essi professori dichiarano ai quattro venti – e lo fanno con un'impudenza infaticabile che non ha precedenti – che quel cervello comune, ma non comune ciarlatano, è il più grande filosofo che il mondo abbia avuto, nessuno può prendere in seria considerazione una cosa simile, soprattutto quando la goffa ostentazione di questo spregevole modo di agire si svela persino ai più ingenui. Ma se si arriva al punto che un'Accademia straniera protegga quel filosofastro come un *summus philosophus* e si permetta di oltraggiare l'uomo che, onestamente e senza paura, si oppone alla fama falsa, usurpata, prezzolata e bugiarda con *l'unica* espressione che è all'altezza di giudicare quello sfacciato elogio e quell'invadenza della falsità, del male e della corruzione; allora la cosa diventa seria, poiché un giudizio così degno di fede potrebbe condurre gli ignari a un grande e dannoso errore. Esso deve quindi venir *neutralizzato*.

Il *summus philosophus* dell'Accademia Danese fa il seguente sillogismo: «Se un bastone, sostenuto nel suo centro di gravità, diventa più pesante da un lato, pende verso questo lato; ora, una barra di ferro, dopo essere stata magnetizzata, pende da un lato: perciò è diventata più pesante da questo lato». Ragionamento degno di quest'altro: «Tutte le oche hanno due gambe; tu hai due gambe, dunque sei un'oca» ... Questa è la sillogistica di tale *summus philosophus* e riformatore della logica, al quale purtroppo ci si è dimenticati di insegnare che *e meris affirmativis in secunda figura nihil sequitur*.

Accanto alla capacità di scrivere assurdità, il principale espediente di questo ciarlatano era l'aria di grandezza con cui egli, a ogni occasione, guardava dall'alto del suo castello di parole, con fare ironico, dignitoso, infastidito, non soltanto alle elucubrazioni filosofiche altrui, ma anche a ogni scienza, ai suoi metodi e a tutto quanto lo spirito umano s'è acquistato con ingegno, fatica e operosità nel corso dei secoli.

Hegel, corruttore di giovani intelletti

Mentre altri sofisti, ciarlatani e oscurantisti hanno falsato e rovinato soltanto la *conoscenza*, Hegel ha distrutto addirittura l'*organo* della conoscenza, cioè lo stesso intelletto. Egli costrinse questi sviati a racchiudere nel loro capo, come se ciò fosse conoscenza razionale, una confusione formata dalle più grossolane assurdità, un tessuto di *contradictiones in adjecto*, un complesso di frottole da manicomio, e il cervello di questa povera gioventù, che leggeva con credula dedizione e cercava di far propria la suprema sapienza, fu talmente scardinato da rimanere per sempre incapace di pensare veramente ... Scombussolare sino a tal punto cervelli giovani e freschi è veramente un delitto, che non merita né indulgenza né perdono.

Gli hegeliani

Quando uno *hegeliano* nelle sue affermazioni

improvvisamente si contraddice, sentenzia: «Ora il concetto è trapassato nel suo contrario».

Si può anche ricordare la goffa impudenza con cui gli hegeliani parlano distesamente in tutti i loro scritti, senza cerimonie né preamboli, del cosiddetto «spirito», fidandosi del fatto che in quella confusione ci si lasci impressionare al punto che nessuno sia più in grado di mettere alle strette il signor professore con la domanda: «Spirito? chi è questo tipo? e come lo conoscete? non è forse soltanto un'arbitraria e comoda ipostasi che voi non avete neppure definita, a prescindere poi dalla sua deduzione o dimostrazione? Credete voi di avere di fronte un pubblico di vecchie donnette?». Questo sarebbe un linguaggio appropriato nei confronti di un simile filosofastro.

Lo hegelismo

Una filosofia la cui tesi fondamentale afferma: «l'essere è il nulla» è da manicomio, e ovunque fuori dalla Germania la si sarebbe spedita proprio colà.

Se io dicessi che la cosiddetta filosofia di questo Hegel è una colossale mistificazione che procurerà ai posteri un inesauribile motivo per farsi scherno del nostro tempo, una pseudofilosofia che, paralizzando tutte le forze

79

dello spirito, soffocando il vero pensiero, u-
sando male e con frode il linguaggio, pone
al loro posto il più vuoto, il più insensato, il
più insignificante e, come lo conferma il successo, il più intorpidente guazzabuglio di parole, e che, prendendo quale fulcro un'assur-
da idea campata in aria, fa a meno sia delle
cause che degli effetti e perciò non è dimo-
strata da nulla e nulla dimostra e spiega, una
filosofia che manca inoltre di originalità ed
è invece una semplice parodia del realismo
scolastico e nel contempo dello spinozismo,
cosa mostruosa, che deve mostrare il cristianesimo alla rovescia e per conseguenza

πρόσθε λέων, ὄπιθεν δὲ δράκων, μέσση δὲ
χίμαιρα
(*ora leonis erant, venter capra, cauda draconis*)
[la bocca era di leone, il ventre capra, la
coda di serpente
Omero, *Iliade*, VI, 181];

se dunque io dicessi tutto ciò, avrei ragione.
Se poi aggiungessi che questo *summus philosophus* dell'Accademia Danese ha buttato giù
dei nonsensi come nessun altro mortale prima di lui, a tal punto che chi riuscisse a leggere la sua opera più celebrata, la cosiddetta
Fenomenologia dello spirito, senza avere l'impressione di trovarsi in manicomio sarebbe già
da manicomio, così dicendo non avrei meno
ragione.

L'intera storia della letteratura, dei tempi antichi e moderni, non ha da mostrare alcun

esempio di falsa gloria che si possa accostare alla filosofia di Hegel. Mai e in nessun luogo ciò che è integralmente scadente, evidentemente errato e assurdo, e la cui esposizione per di più desta ripugnanza e nausea, è stato esaltato con tanta rivoltante sfrontatezza e con tale faccia di bronzo come la saggezza più elevata e la cosa più splendida che il mondo avesse mai visto, come è avvenuto per quella pseudofilosofia priva di qualsiasi valore ... Per più di un quarto di secolo quella gloria, basata su menzogne sfacciate, è stata creduta genuina e la *bestia trionfante* ha prosperato e regnato nella repubblica dei dotti tedeschi in misura tale che perfino i pochi avversari di questa stoltezza non osavano parlare del suo miserabile creatore se non come di un genio raro e di uno spirito grande, profondendosi in inchini. Ma non si potrà fare a meno di trarre da ciò le debite conseguenze: nella storia della letteratura questo periodo figurerà per sempre come una indelebile, ignobile macchia della nazione e dell'epoca e sarà oggetto di scherno nei secoli: a ragione!

L'imperativo categorico, la ragione pratica
e le sue imitazioni

È veramente tempo che la morale venga una buona volta sottoposta a un serio interrogatorio. Da più di mezzo secolo essa riposa su quel comodo guanciale che Kant le ha apprestato: l'imperativo categorico della ragione pratica. Ai giorni nostri questo imperativo ha assunto per lo più il nome meno fastoso, ma più seducente e popolare, di «legge morale», sotto il quale esso, dopo un leggero inchino dinanzi alla ragione e all'esperienza, s'insinua non veduto; ma una volta entrato in casa, non la smette di dare ordini e comandi, senza fornire più spiegazioni. Che Kant, come inventore dell'imperativo, dopo avere con esso eliminato gli errori più grossolani, vi si adagiasse sopra era giusto e necessario. Ma vedere gli asini rotolarsi su quel guanciale, preparato da lui e diventato da allora più accogliente, è cosa dura: alludo ai quotidiani compilatori di compendi che, con la tranquilla baldanza che accompagna l'imbecillità, si illudono di aver fondato l'etica perché si appellano alla «legge morale», che abita, secondo loro, nella nostra ragione, e poi perché vi distendono sopra quel tessuto di frasi imbrogliate e confuse con cui riescono a rendere incomprensibili le più chiare e semplici situazioni della vita ... Confesso di accingermi con un particolare piacere a togliere alla morale quel comodo guanciale e dichiaro senza ambagi il mio proposito di rivelare e dimostrare come la ragione pratica e l'imperativo categorico di Kant siano sorretti da ipotesi del tutto ingiustificate, infondate e frutto di fantasia.

L'individuo

La natura parla così: «L'individuo non è nulla e meno di nulla. Ogni giorno distruggo milioni di individui per gioco e per passatempo: abbandono la loro sorte nelle mani del più lunatico e capriccioso dei miei figli, il caso, che dà loro la caccia a suo piacimento. Do vita ogni giorno a milioni di nuovi individui senza minimamente indebolire la mia forza creativa, così come la forza di uno specchio non si esaurisce per il numero di immagini del sole che, una dopo l'altra, esso riflette sulla parete. L'individuo non è nulla».

L'indogermanico

Nulla sappiamo della lingua degli antichi germani, e mi permetto di supporre che essa fosse una lingua completamente diversa da quella gotica, dunque anche dalla nostra: *almeno* per quanto riguarda la lingua noi siamo goti. Ma niente mi fa indignare come l'espressione «lingue indogermaniche», voglio dire: la lingua dei *Veda* messa sullo stesso piano di quello che sarà stato il gergo di quei rozzi barbari.

L'inferno

Preso *sensu proprio* il dogma diventa rivoltante. Esso, infatti, prevedendo le eterne torture dell'inferno, fa scontare con pene senza fine qualche fallo o persino la mancanza di fede di una vita che spesso non giunge neppure a vent'anni; in più vi è il fatto che questa dannazione quasi universale è in realtà la conseguenza del peccato originale e quindi il risultato inevitabile della prima caduta dell'uomo. Ma questa caduta avrebbe dovuto, in ogni caso, essere prevista da colui che in primo luogo non ha creato gli uomini migliori di quello che sono, e poi ha loro apprestato un tranello, pur sapendo che vi sarebbero caduti, poiché tutto era opera sua e nulla gli rimane nascosto. Secondo questo dogma egli avrebbe chiamato dal nulla all'esistenza un genere umano debole e soggetto al peccato per poi condannarlo a torture senza fine. Inoltre c'è da aggiungere che il Dio che prescrive l'indulgenza e il perdono di ogni colpa fino a giungere all'amore per i nemici non manifesta simili sentimenti, bensì cade in sentimenti opposti; perché un castigo che subentra alla fine delle cose, quando tutto è passato e concluso, non può avere per scopo né il miglioramento né l'intimorimento: è, dunque, soltanto vendetta. Visto così, sembra persino che l'intero genere umano sia stato in realtà destinato e creato apposta per l'eterna tortura e dannazione – tranne quelle poche eccezioni che, non si sa perché, sono state salvate mediante la predestinazione, per grazia di Dio. A parte queste eccezioni, risulta come se il buon Dio avesse creato il mondo affinché il diavolo se lo pigliasse; onde egli avrebbe fatto assai meglio se vi avesse rinunciato.

Gli inglesi

Guarda questa nazione che più di ogni altra è stata favorita dalla natura e provvista di intelligenza, spirito, capacità di giudizio e forza di carattere, guarda come viene abbassata al di sotto di ogni altra, anzi, resa addirittura spregevole a causa della sua stupida superstizione clericale, che fra le sue qualità appare veramente come un'idea fissa, una monomania. Gli inglesi debbono ciò unicamente al fatto che nel loro paese l'educazione dei giovani è nelle mani del clero, che s'incarica di inoculare loro, negli anni più teneri, tutti gli articoli di fede, di modo che si giunge a una specie di parziale paralisi del cervello che per tutta la loro vita si manifesta in quella bigotteria idiota a causa della quale perfino individui d'altronde assai intelligenti e arguti si degradano e non sappiamo più che cosa pensarne.

Su cinquanta inglesi difficilmente se ne troverà più di uno che si mostri d'accordo quando si parli con il dovuto disprezzo della stupida e degradante bigotteria della sua nazione: quell'unico, peraltro, è di solito un uomo di cervello.

Gli innamorati

Se noi ora ... guardiamo nel guazzabuglio della vita, scorgiamo che gli uomini, immersi nella miseria e nelle sofferenze, si affannano con tutte le loro forze per soddisfare i loro infiniti bisogni e per evitare il dolore nelle sue molteplici forme, senza tuttavia poter sperare in cambio nient'altro che di conservare per un breve lasso di tempo proprio questa tormentata esistenza individuale. Eppure, in mezzo a quel tumulto, vediamo gli sguardi di due innamorati incontrarsi spasimando di desiderio: tuttavia, perché sono così segreti, trepidi e furtivi? Perché quegli innamorati sono dei traditori: tramano di nascosto per perpetuare tutte quelle miserie e tutti quei

tormenti che altrimenti avrebbero avuto presto una fine; una fine che essi vogliono impedire, come prima di loro l'hanno impedi-
ta i loro simili.

L'istinto sessuale

I capricci che hanno origine dall'*istinto sessuale* sono in tutto simili a *fuochi fatui*: inganna-
no nel modo più vivo, ma se li seguiamo ci
conducono in una palude e svaniscono.

Jung-Stilling

È veramente vergognoso che uno scrittore oltremodo cristiano e pio come Jung-Stilling introduca nelle sue *Scene dal mondo degli spiriti* il seguente paragone (vol. II, scena I, p. 15): «D'un tratto lo scheletro si raggrinzì tutto in una piccola figura nanesca indescrivibilmente ripugnante; proprio come avviene di un grande ragno crociato se viene collocato nel fuoco di una lente ustoria: il suo sangue, somigliante al pus, comincia a friggere e cuocere». Dunque una simile infamia ha commesso quell'uomo di Dio, oppure l'avrà contemplata da tranquillo osservatore – il che in questo caso si riduce alla stessa cosa –, anzi, egli a tal punto non vi scorge nulla di male che ce ne dà un resoconto disinvolto, quasi incidentalmente! Questi sono gli effetti del primo capitolo del *Genesi* e, in generale, dell'intera concezione ebraica della natura ... Levatevi dai piedi, con la vostra morale ultraperfetta!

Kant

Mi sia permesso, per alleggerire il discorso, un paragone scherzoso e magari frivolo: vorrei paragonare Kant, nella sua tendenza a mistificare se stesso, a un uomo che a un ballo in maschera danza per tutta la sera con una donna travestita e pensa di aver fatto una conquista, finché, al termine, quella donna depone la maschera e si fa riconoscere come sua moglie.

Kant e il diritto di mentire

Inferire l'illegittimità della menzogna dalla *facoltà di parlare* propria dell'uomo, come fanno alcuni manuali seguendo Kant, è una trovata così piatta, puerile e insipida che si sarebbe tentati, per farsene beffe, di gettarsi fra le braccia del diavolo e dire con Talleyrand: *l'homme a reçu la parole pour pouvoir cacher sa pensée.*

Il dopo Kant

Al fulgido periodo di Kant nella filosofia tedesca ne è seguito immediatamente un altro durante il quale i filosofi si sono sforzati, invece di convincere, di far impressione; invece di essere precisi e chiari, hanno cercato di essere brillanti e iperbolici, ma soprattutto incomprensibili; e addirittura, invece di ricercare la verità, hanno tramato. Stando così le cose la filosofia non poteva fare progressi. Finalmente si giunse al fallimento di tutta questa scuola e del suo metodo. Infatti, in Hegel e nei suoi vassalli, l'insolenza degli imbrattacarte, da un lato, e quella dei panegiristi senza scrupoli, dall'altro, insieme all'evidente premeditazione di questa bella tresca, avevano raggiunto dimensioni così colossali che alla fine tutti dovettero aprire gli occhi e accorgersi dell'intera impostura, e quando, in seguito a certe rivelazioni, venne tolta la protezione dall'alto, dovettero aprire anche la bocca. Questa filosofia, che è la più miserabile delle pseudofilosofie mai esistite, trascinò con sé nell'abisso del discredito i suoi antecedenti Fichte e Schelling. Con ciò si rende palese la completa incompetenza filosofica che, nella prima metà del secolo, in Germania, ha tenuto dietro a Kant, mentre con gli stranieri ci si vanta del talento filosofico dei tedeschi – soprattutto dopo che uno scrittore inglese ha avuto l'ironia maligna di chiamarli un popolo di pensatori.

A tale proposito viene in mente a noi, gente ormai vecchia, l'incisione dell'almanacco satirico di Falk, dove si raffigura Kant che sale su un pallone aerostatico e getta tutti i suoi capi di guardaroba, assieme al cappello e alla parrucca, sulla terra; qui ci sono delle scimmie che raccolgono tutto e se ne adornano.

Tutti i filosofastri e i visionari, con F.H. Jacobi alla testa dei delatori degli atei, sono corsi attraverso quella porticina che si era aperta all'improvviso per portare al mercato le loro cosucce, o almeno per salvare la parte più cara di quella vecchia eredità che la dottrina di Kant aveva minacciato di distruggere. Come nella vita del singolo un unico errore di gioventù rovina spesso un'intera esistenza, così il solo errore di Kant, cioè quello di avere ammesso una ragione pratica, dotata di un credito addirittura trascendente e capace di decidere, come le alte corti di appello, «senza prove», bastò a far sì che dalla rigorosa e saggia filosofia critica scaturissero le teorie più eterogenee, che presentano una ragione la quale dapprima «*presagisce*» timidamente il «*sovrasensibile*», poi lo «*riconosce*» con chiarezza e infine lo «*intuisce intellettualmente*» in maniera concreta, e sotto i cui decreti e rivelazioni «*assolute*», cioè emesse *ex tripode*, qualsiasi ciarlatano potesse far passare le sue fantasticherie ... Di qui l'origine di quel metodo filosofico che è apparso immediatamente dopo la dottrina di Kant e che consiste in un mistificare, in un imporre, in un ingannare, in un buttar polvere negli occhi, in un imbrogliare, e la cui epoca sarà un giorno designata col nome di «periodo della slealtà» nella storia della filosofia ... Fra gli eroi della nostra epoca brillano Fichte e Schelling, e infine anche il rozzo e volgare ciarlatano Hegel, che è davvero indegno persino di loro e molto inferiore a questi uomini di talento. Intorno ad essi formarono il coro i vari professori di filosofia che, con severo cipiglio, intrattennero il loro pubblico sull'Infinito, sull'Assoluto e su molte altre cose di cui non potevano sapere proprio nulla.

Leibniz

Pensate, con Leibniz, che il mondo reale sia il migliore dei mondi possibili? Io faccio fatica a conoscere, anche poco, il mondo reale e non ho l'onore di conoscere i mondi possibili.

Alle dimostrazioni palesemente sofistiche di Leibniz che questo sarebbe il migliore dei mondi possibili si può seriamente e onestamente contrapporre la prova che esso è il *peggiore* dei mondi possibili.

La lettura

Leggere significa pensare con la testa altrui invece che con la propria.

Il furore di leggere libri della maggior parte dei dotti è una specie di *fuga vacui,* un fuggire dal vuoto di pensiero dei loro cervelli, che attira dentro a forza sostanza estranea: per avere pensieri devono leggerli altrove, come i corpi inanimati ricevono il movimento solo dall'esterno, mentre coloro che sono dotati di pensiero proprio sono come i corpi viventi che si muovono da sé.

L'arte di *non* leggere è molto importante. Essa consiste nel non prendere in mano quello che di volta in volta il vasto pubblico sta leggendo, come per esempio libelli politici e letterari, romanzi, poesie e simili cose, che fanno chiasso appunto in quel dato momento e raggiungono perfino parecchie edizioni nel loro primo e ultimo anno di vita.

Pretendere che un individuo ritenga tutto quanto ha letto è come esigere che porti ancora dentro di sé tutto quanto ha mangiato.

I lettori forti

Le persone che hanno passato la vita leggendo e hanno attinto la loro sapienza dai libri somigliano a coloro che, da un gran numero di descrizioni di viaggi, hanno acquistato la conoscenza precisa di un paese. Queste persone riescono a comunicare notizie su molte cose; ma, in fondo, non hanno una conoscenza coerente, chiara e profonda circa la natura di quel paese.

La libertà morale

Il *liberum arbitrium indifferentiae*, sotto il nome di «libertà morale», è uno dei balocchi più cari ai professori di filosofia: lasciamolo dunque a queste persone così intelligenti, così oneste, così sincere.

I libri

Serse, secondo Erodoto, pianse alla vista del suo immenso esercito, pensando che, di tutti quei guerrieri, entro cent'anni non ne sarebbe rimasto in vita uno solo: chi non piangerebbe alla vista di un grosso catalogo di libri stampati, se pensasse che di tutti quei libri, già dopo dieci anni, non ne rimarrà in vita nemmeno uno?

L'acquisto di libri

Sarebbe bene comprare libri, se insieme si potesse comprare il tempo per leggerli, ma di solito si scambia l'acquisto di libri per l'acquisizione del loro contenuto.

Lutero, traduttore della Bibbia

La traduzione di Lutero appare nello stesso tempo volgare e bigotta, e spesso anche sbagliata, talvolta forse con premeditazione, e ha dovunque un tono clericale, edificante.

Marco Polo e i grandi viaggiatori

I viaggi in terre lontane e poco esplorate portano a questo: si diventa così famosi per ciò che si è visto, non perché si sia pensato alcunché.

La massa

La moltitudine ha occhi e orecchie, ma non possiede davvero altro: ha pochissimo giudizio e anche una scarsa memoria.

La grande massa pensa assai poco perché le mancano il tempo e l'esercizio necessari. Ma così conserva molto a lungo i suoi errori; d'altra parte, però, non è, come il mondo dei dotti, una banderuola in balìa di tutta la rosa dei venti delle opinioni, che cambia ogni giorno. E questo è un bene: infatti immaginare la grande, pesante massa in così rapido movimento è un pensiero spaventoso, tanto più se si pone mente a quante cose essa potrebbe trascinar via e sovvertire nei suoi mutamenti.

Il sesso femminile da quello maschile pretende e si aspetta tutto – ossia tutto ciò che desidera e di cui ha bisogno –, mentre da quello femminile il sesso maschile esige in primo luogo ed esplicitamente una sola cosa. Per questo si dovette stabilire la convenzione che il sesso maschile può ottenere dal sesso femminile quell'unica cosa solo se in cambio si prende cura di tutte le altre, quindi anche dei figli nati dall'unione: su tale convenzione si fonda il benessere dell'intero sesso femminile.

Il fine del matrimonio non è l'intrattenimento intellettuale, bensì la generazione dei figli: esso è un'unione dei cuori, non dei cervelli. Per una donna, sostenere di essersi innamorata dell'intelligenza di un uomo è una pretesa vana e ridicola.

Sposarsi solo «per amore» e non doversene pentire molto presto, anzi sposarsi in genere, significa mettere la mano in un sacco con gli occhi bendati e sperare di tirare fuori un'anguilla da un mucchio di serpi.

Nel nostro continente monogamico, sposarsi significa dimezzare i propri diritti e raddoppiare i doveri.

Sposarsi significa fare il possibile per venirsi a nausea l'uno all'altro.

Le leggi matrimoniali europee assumono la donna come equivalente all'uomo: partono, dunque, da un presupposto sbagliato.

I matrimoni d'amore

I matrimoni d'amore vengono conclusi nell'interesse della specie, non dell'individuo. È vero che i promessi sposi si illudono di perseguire la propria felicità: senonché il fine effettivo è loro estraneo, in quanto sta nella generazione di un individuo che essi soli possono concepire. Congiunti da questo fine, essi dovranno cercare d'ora in poi di intendersi nel miglior modo possibile. Ma molto spesso la coppia, formatasi a seguito di quell'illusione istintiva che costituisce l'essenza della passione amorosa, sarà per tutto il resto di natura assolutamente eterogenea. Ciò viene alla luce quando l'illusione sparisce, come è inevitabile che accada. Per conseguenza, i matrimoni d'amore sono di regola infelici: infatti provvedono per la generazione futura a spese di quella presente.

Sembra che, con l'atto del matrimonio, o ci rimette l'individuo o ci rimette l'interesse della specie. E il più delle volte è proprio così: infatti è rarissimo che convenienza e amore appassionato procedano mano nella mano.

La maturazione e le sue leggi

Quanto più una cosa è nobile e perfetta, tanto più tardi e più lentamente giunge alla maturità. Difficilmente il maschio raggiunge la maturità della ragione e delle forze intellettuali prima dei ventotto anni; la donna, invece, già a diciotto anni; ma la sua ragione è, appunto per questo, assai limitata. Perciò le donne restano bambini per tutta la vita, vedono sempre e soltanto ciò che è più vicino, rimangono attaccate al presente, scambiano l'apparenza delle cose con la loro sostanza, e preferiscono inezie alle questioni più importanti.

La memoria

La memoria è un essere capriccioso e bizzarro, paragonabile a una giovane ragazza: a volte rifiuta in modo del tutto inaspettato ciò che ha dato in cento altri casi, e poi, quando non ci si pensa più, ce lo porta da sé.

La metafisica dei filosofi universitari

Per i filosofi di cattedra il vero tema essenziale della metafisica consiste nella discussione del rapporto tra Dio e il mondo. I loro manuali sono pieni delle più ampie trattazioni sull'argomento. Essi si sentono destinati e pagati soprattutto per mettere in chiaro questo punto, ed è davvero divertente vedere con quale antica saggezza e con quale erudizione essi parlano dell'assoluto, o di Dio, comportandosi con grande serietà, come se davvero sapessero qualcosa in proposito. Tutto ciò ricorda la serietà con cui i bambini si divertono con i loro giochi. Ogni volta che si apre una fiera del libro compare una nuova metafisica, che consiste in un prolisso rendiconto sul buon Dio, spiega qual è realmente la sua situazione e come egli sia giunto al punto di aver fatto, o generato, o in qualche modo prodotto il mondo; sembra quasi che ogni sei mesi essi ricevano le ultime notizie su di lui.

La modernità

Due cose principalmente distinguono la situazione sociale dell'epoca moderna da quella dell'antichità, a svantaggio della prima, dando ai nostri tempi una tinta seria, fosca e sinistra da cui l'antichità, serena e spontanea come il mattino della vita, va esente. Esse sono il principio dell'onore cavalleresco, buffonata sconosciuta agli antichi, e la sifilide ... Voglia il cielo che nel diciannovesimo secolo i due mostri dell'epoca moderna si possano eliminare.

Moglie e figli

Tra *ciò che uno ha* non ho annoverato la moglie e i figli, poiché da questi è meglio dire che si è posseduti.

Moleschott, il positivista

Moleschott è un garzone di barbiere.

I monaci

Un monaco autentico è un essere estremamente onorevole, ma nella maggior parte dei casi il saio è una pura e semplice maschera sotto la quale è possibile trovare un vero monaco come è possibile trovarlo a una mascherata.

Il mondo

Il mondo è una mia rappresentazione.

Questo mondo

Questo mondo dovrebbe averlo fatto un Dio? No, piuttosto un demonio.

Aristotele ha scritto: «La natura non è divina, ma demoniaca» [*De divinatione per som-*

num, 2, 463 a 14-15]. Noi potremmo tradurre: «L'inferno è il mondo».

Se si volesse condurre il più impenitente ottimista per gli ospedali, i lazzaretti e le camere di martirio chirurgiche, per le carceri, le stanze di tortura e le stalle degli schiavi, sui campi di battaglia e nei tribunali, e aprirgli poi tutti i tetri alloggi della miseria, dove essa si rincantuccia per sfuggire agli sguardi della fredda curiosità, e alla fine fargli dare un'occhiata nella torre della fame di Ugolino, anch'egli finirebbe sicuramente col capire di che specie sia questo *meilleur des mondes possibles*.

Il nostro è il peggiore dei mondi possibili.

Dovunque nel mondo non vi è molto da ricavare: bisogno e dolore lo riempiono, e coloro che sono riusciti a sfuggire a questi sono attesi, a ogni angolo, dalla noia in agguato.

Nel mondo di regola domina la malvagità, e la stoltezza ha la parola decisiva.

Per avere sempre a portata di mano una bussola sicura che orienti nella vita, per considerare la vita senza mai confondersi, e sempre nella sua giusta luce, niente è più opportuno che abituarsi a pensare questo mondo come un luogo di espiazione, per così dire un istituto di pena, *a penal colony* – un ἐργαστήριον, come già lo chiamavano i filosofi più antichi

(secondo Clemente Alessandrino) ... Tra i
mali di un istituto di pena vi è anche quello
della compagnia che là s'incontra. Che compagnia si trovi in questo mondo, lo saprà, anche senza che glielo dica io, chi sia in qualche modo degno di una migliore.

La regola a questo mondo è, dovunque, la
marmaglia.

La monogamia

Nessun continente è sessualmente così cor-
rotto come l'Europa a causa del matrimonio
monogamico contro natura.

Da un punto di vista razionale non si capisce
perché un uomo, la cui moglie soffre di una
malattia cronica, oppure rimane sterile, oppure con gli anni è diventata troppo vecchia
per lui, non dovrebbe prendersi una seconda moglie in aggiunta.

Solamente a Londra vi sono ottantamila prostitute. Non sono esse, forse, null'altro che
donne terribilmente danneggiate dall'istitu-
zione monogamica, vere e proprie vittime u-
mane sull'altare della monogamia?

Non c'è ragione di *discutere* sulla *poligamia*,
piuttosto bisogna accettarla come un fatto e-
sistente dovunque, rimane soltanto il compito di *regolarla*. Dove sono poi i veri mono-
gami? Noi tutti viviamo *almeno* per un certo

tempo, ma di solito sempre, nella poligamia. Siccome, dunque, ogni maschio ha bisogno di parecchie femmine, nulla è più giusto che consentirgli, anzi imporgli, di mantenere molte donne. Con ciò anche la donna viene ricondotta nella sua corretta e naturale condizione di essere subordinato, e la *dama*, questo mostro della civiltà europea e della stupidità cristiano-germanica, con le sue ridicole pretese di rispetto e di venerazione, verrà eliminata dal mondo, e vi saranno soltanto *donne*, ma non più donne *disgraziate*, di cui ora è piena l'Europa.

Il monoteismo

L'intolleranza è intrinseca soltanto all'essenza del monoteismo: un dio unico è, per sua natura, un dio geloso, che non tollera nessun altro dio accanto a sé.

Monumenti eretti in vita

Innalzare a qualcuno un monumento quando è ancora in vita significa dichiarare che nei suoi confronti non vi è da fare affidamento sulla posterità.

La morale naturale

Se rivolgiamo lo sguardo indietro ai duemila anni e più trascorsi nell'inutile tentativo di trovare un solido fondamento alla morale, forse ci verrà da pensare che non vi sia nessuna morale naturale, indipendente dalle istituzioni umane, ma che essa sia semplicemente un'invenzione artificiale, un mezzo escogitato per meglio raffrenare l'egoista e malvagia razza umana.

I mormoni

Ciò che procura tanti convertiti alla setta dei mormoni è l'eliminazione della monogamia, che è contraria alla natura.

La mosca

Bisognerebbe scegliere la mosca a simbolo della sfacciataggine e dell'insolenza degli stupidi. Infatti, mentre tutti gli animali temono più di ogni altra cosa l'uomo e lo sfuggono già da lontano, la mosca gli si posa sul naso.

Mosè

Fu Mosè a scrivere la frase ripetuta dappertutto dopo di lui, cioè che Dio, dopo la creazione, gettò uno sguardo su questo mondo e trovò che tutto era buono: πάντα καλά. Ah, il buon vecchio Dio di Mosè non era certo difficile! ... Con la mano sul cuore, ditemi se questo πάντα καλά non sembra una beffa atroce...

Le muse appigionate

Un uomo che intende vivere della benevolenza delle muse, voglio dire dei suoi doni poetici, mi sembra, in un certo senso, simile a una ragazza che vive delle attrattive della propria bellezza. Entrambi profanano, a scopo di guadagno venale, ciò che dovrebbe essere il libero dono della loro interiorità. Entrambi patiscono di esaurimento, ed entrambi, di solito, fanno una fine vergognosa. Perciò non degradate la vostra musa allo stato di prostituta.

Il nascere

La sola felicità è quella di non nascere.

La natura

Natura è un'espressione corretta ma eufemistica: con uguale diritto si potrebbe chiamarla *mortura*.

I nazionalisti

Ogni miserabile babbeo, che non abbia al mondo nulla di cui poter essere orgoglioso, si appiglia all'ultima risorsa per esserlo, cioè alla nazione cui appartiene: in tal modo egli si rinfranca ed è ora pieno di gratitudine e pronto a difendere πὺξ καὶ λάξ [con le unghie e con i denti] tutti i difetti e tutte le stoltezze caratteristiche di quella nazione.

I neocristiani

Oggi neocristiani insulsi, presi dallo spirito borghese ed effeminato del secolo, grattano come una ruggine questo vecchio colore sacro di un culto di sacrificio per farne una miserabile devozione d'amore: rinunciano a tutto ciò che è terribile e profondo, alla predestinazione, alla grazia, al carattere diabolico delle cose; prendono le distanze da quel grande Lutero atterrito che, anche in sogno, lottava contro l'angelo del male. A loro occorrono leziosaggini bigotte e un cielo dolciastro dove si arrivi per vie facili. Ah, i corruttori! Quante coscienze hanno snervato con i loro beati idilli!

Il nozionismo

Già i bambini, invece di voler capire la cosa, hanno per lo più l'infelice tendenza a contentarsi di parole e a impararle a memoria per cavarsela con esse quando sia necessario. Questa tendenza rimane in seguito e ha per risultato che il sapere di molti dotti è un vero cumulo di vuote parole.

L'opinione altrui

In realtà il valore che noi attribuiamo all'opinione degli altri e la nostra preoccupazione costante al riguardo oltrepassano di regola ogni ragionevole giustificazione, tanto da poter sembrare una specie di mania generalmente diffusa, o piuttosto innata. In tutto ciò che noi facciamo o non facciamo si prende in considerazione l'opinione altrui quasi prima di ogni altra cosa, e con un'attenta analisi vediamo che da tale preoccupazione nasce quasi la metà di tutte le afflizioni e le ansie da noi provate.

L'oscurantismo

L'oscurantismo è un peccato, forse non contro lo spirito santo, ma certo contro lo spirito umano: per questo è imperdonabile e bisogna rinfacciarlo sempre e ovunque, senza transigere, a chi se ne è reso colpevole, testimoniandogli il proprio disprezzo a ogni occasione, finché vivrà, anzi anche dopo che è morto.

Gli oscurantisti

Costoro sono guardati oggi come gente che vuole spegnere la luce per poter rubare.

Ostriche e champagne

Il filisteo, uomo privo di ogni bisogno spirituale ... si sobbarcherà come una specie di lavoro forzato, e nel modo più sbrigativo possibile, i godimenti che gli sono imposti dalla moda o dall'autorità. Per lui i veri piaceri sono soltanto quelli sessuali, ed egli si rivale con questi. Di conseguenza le ostriche e lo champagne sono il punto culminante della sua esistenza.

L'ottimismo

Il genere umano è destinato dalla natura alla miseria e al fallimento; poiché, quand'anche l'ingiustizia e il bisogno fossero rimossi dallo Stato e dalla storia, fino a far subentrare una vita di cuccagna, gli uomini si accapiglierebbero e si aggredirebbero l'un l'altro per la noia, oppure il sovrappopolamento provocherebbe la carestia e questa li sterminerebbe.

Il pelagianesimo

Il pelagianesimo è lo sforzo di far ritornare il cristianesimo al grossolano e piatto ebraismo e al suo ottimismo.

I pensieri altrui

Soltanto i nostri pensieri personali hanno vita e verità, poiché sono i soli che si comprendono interamente. Pensieri altrui, pescati in qualche libro, sono minestra riscaldata (*geschissene Scheiße*).

La perfettibilità del mondo

Chi è venuto al mondo per *ammaestrarlo* seriamente e nelle cose più importanti può dirsi fortunato se salva la pelle.

I preti

La nostra situazione è davvero miserevole! Un breve lasso di tempo da vivere, pieno di fatica, miseria, angoscia e dolore, senza minimamente sapere *da dove* veniamo, *dove* andiamo e *perché* viviamo, e per soprammercato anche preti di tutte le razze con le loro rispettive *rivelazioni* in proposito, accompagnate da minacce contro i miscredenti.

I professori di filosofia e me

I professori di filosofia hanno fatto con me come Luigi XIV con suo fratello gemello: gli fece mettere *la maschera di ferro* e lo rinchiuse nella Bastiglia.

Il progresso

Il progresso è il sogno del diciannovesimo secolo, come la resurrezione dei morti era quello del decimo. Ogni epoca ha il suo. Quando questo secolo, esaurendo i suoi granai e quelli del passato, avrà formato un cumulo di scienze e di ricchezze, l'uomo, misurandosi con un tale ammasso, sarà forse meno piccolo? Miserabili *parvenus...*

Com'è noto, le lingue, soprattutto per quanto riguarda la grammatica, sono tanto più perfette quanto più sono antiche, e gradualmente diventano sempre peggiori; si comincia così dalla nobile lingua sanscrita giù giù fino al gergo inglese, questo vestito per i pensieri rimediato con pezzi di stoffa eterogenei.

Tale lenta degradazione è un argomento rilevante contro le teorie predilette dei nostri prosaici e sorridenti ottimisti relative «al costante progresso dell'umanità verso il meglio»; per dimostrarlo essi vorrebbero falsare la deplorevole storia del genere bipede.

Le prostitute

Le prostitute conducono una vita triste e infame, ma, date le circostanze, sono necessarie a soddisfare i bisogni del sesso maschile, e come tali rappresentano un ceto riconosciuto ufficialmente, con lo scopo specifico di proteggere dai seduttori le donne privilegiate dal destino, che hanno trovato marito, o hanno diritto a sperare di trovarne.

Il protestantesimo

Il protestantesimo, avendo eliminato l'ascesi e il suo punto centrale, il valore del celibato, ha già rinunciato in verità all'intimo nucleo del cristianesimo e, in questo senso, dev'essere considerato un suo scarto. La cosa è resa evidente al giorno d'oggi nella graduale trasformazione del protestantesimo in un piatto razionalismo, in codesto moderno pelagianesimo che alla fine sfocia nella dottrina del padre amoroso, il quale ha fatto il mondo in modo tale che vi sia sempre da divertirsi (ma ciò non deve essergli riuscito), e che, se solo ci si conforma alla sua volontà su certi punti, ci procurerà per dopo un mondo ancora più divertente (di cui c'è da lamentare un unico difetto: che ha una entrata così fatale). Questa potrà essere una buona religione per pastori protestanti comodi, sposati e illuminati: ma non è il cristianesimo.

Il protestantesimo, avendo abolito il celibato e in genere l'ascetismo autentico, nonché i rappresentanti di esso, i santi, è diventato un cristianesimo smussato, o per meglio dire spezzato, in quanto è rimasto privo di punta: esso si riduce gradualmente a nulla.

I razionalisti illuminati

Una madre aveva dato da leggere ai figli le favole di Esopo per istruirli e migliorarli. Ma ben presto i bambini le riportarono il libro, e il maggiore disse in modo presuntuoso: «Questo libro non fa per noi! È troppo infantile e stupido. Che volpi, lupi e cornacchie sappiano parlare è un'assurdità che non può più abbindolarci: già da molto tempo abbiamo superato simili buffonate!». Chi non riconoscerà in quei ragazzi presuntuosi i futuri razionalisti illuminati?

La razza bianca

È mia opinione – e la dico qui di sfuggita – che il colore bianco della pelle non sia naturale all'uomo, il quale, per natura, ha invece la pelle nera o scura, come i nostri antenati, gli indù. Di conseguenza, dal grembo della natura non è mai nato originariamente un uomo bianco, e quindi non esiste una razza bianca, benché se ne parli tanto: ogni uomo bianco è solamente un uomo scolorito.

Razza dannata

Se si potessero castrare tutti i furfanti e chiudere in convento tutte le oche senza cervello, se si potesse assegnare a ogni uomo di nobile carattere un intero *harem*, e se si potessero procurare alle fanciulle dotate di ingegno e intelligenza dei veri uomini, allora non tarderebbe a nascere una generazione che eclisserebbe l'età di Pericle.

I recensori anonimi

Un recensore anonimo è un furfante che *non vuole rispondere* di ciò che comunica.

Negli attacchi il signor Anonimo è senz'altro il signor Mascalzone.

Prima di tutto dovrebbe essere eliminato l'usbergo di ogni furfanteria letteraria, l'*anonimato*. Nelle riviste letterarie l'anonimato è stato introdotto con il pretesto che esso dovrebbe difendere il recensore onesto, l'ammonitore del pubblico, dal rancore dell'autore e dei suoi protettori. Tuttavia, per un solo caso di questo genere ve ne saranno un centinaio nei quali l'anonimato serve soltanto a sollevare da ogni responsabilità colui che non è in grado di sostenere ciò che dice ... È incredibile la sfacciataggine di certi tipi, che non indietreggiano di fronte ad alcuna mascalzonata letteraria quando sentono di essere al sicuro sotto l'ombra protettrice dell'anonimato ... Sarebbe forse tollerato un uomo mascherato che si mettesse a tenere un discorso al popolo oppure volesse parlare dinanzi a un'assemblea? O, addirittura, che prendesse ad attaccare altre persone, ricoprendole di vituperi? Non lo metterebbero ben presto alla porta gli altri con calci poderosi?

Ogni volta che si fa riferimento, sia pure di passaggio e magari senza biasimo, a un recensore anonimo, bisognerebbe servirsi di epiteti come «il vile pezzente anonimo» o «il camuffato furfante anonimo della tal rivista», e così via. Questo è davvero il tono conveniente e appropriato con cui apostrofare simile gentaglia, affinché passi loro la voglia di fare quel mestiere.

Un genere di impertinenza particolarmente ridicolo di simili critici anonimi è che essi, come i re, quando parlano usano il «noi»; mentre dovrebbero parlare non soltanto al singolare, ma piuttosto al diminutivo, anzi all'«umiliativo», dicendo per esempio: «La mia miserabile dappochezza, la mia vile scaltrezza, la mia camuffata incompetenza, la mia meschina straccioneria», e via dicendo. Così devono parlare certi farabutti mascherati, simili agli orbettini che sibilano dal buco oscuro di qualche «giornalucolo letterario di provincia», ai quali una volta per tutte dev'essere impedito quel mestiere.

Con la sparizione dell'anonimato si eliminerebbe il novantanove per cento di tutte le canagliate letterarie.

Da parte mia dirigerei una bisca o un bordello altrettanto volentieri che un simile covo di recensori anonimi.

La religione

L'umanità sta stretta nella religione così come un bambino, crescendo, diventa troppo grande per il suo vestito; e non c'è niente da fare: il vestito si strappa.

La religione come pretesto

Nei secoli passati la religione era come una foresta dietro la quale gli eserciti potevano fermarsi e nascondersi ... Dopo tanti tagli di alberi sono rimasti soltanto cespugli, dietro ai quali ogni tanto si nascondono dei farabutti. Occorre perciò stare in guardia contro costoro, che vorrebbero tirarla in ballo dappertutto, e respingerli col proverbio: *Detrás de la cruz está el diablo* [Dietro la croce c'è il diavolo].

Le religioni

Le religioni sono figlie dell'ignoranza, che non sopravvivono a lungo alla loro madre. L'ha capito Omar quando fece incendiare la biblioteca di Alessandria.

La repubblica dei dotti

Nella repubblica dei dotti le cose si svolgono più o meno come nella repubblica del Messico, dove ognuno non pensa che al proprio *profitto,* cercando di ottenere onori e potere *per sé,* senza preoccuparsi affatto della collettività che intanto va in rovina. Esattamente così, nella repubblica dei dotti, ognuno cerca di far valere solo *se stesso* per conquistare una posizione d'onore.

La rivelazione

Tra le molte cose dure e lacrimevoli della sorte umana non ultima è quella per cui noi esistiamo senza sapere da dove veniamo, dove andiamo e perché viviamo: chi è afferrato e compenetrato dal sentimento di questa disgrazia non potrà fare a meno di provare un certo malanimo verso coloro i quali danno a intendere di avere in proposito speciali informazioni, che pretendono di comunicarci con il nome di rivelazioni. Ai signori della *ri-*

velazione vorrei consigliare di non chiacchie-
rare troppo di rivelazione al giorno d'oggi;
niente di più facile, altrimenti, che una volta o l'altra venga loro rivelato che cosa è veramente la rivelazione.

Il rogo delle vedove

Che le vedove si facciano bruciare con il ca-
davere del marito è certamente un'usanza
rivoltante; ma anche il fatto che i beni che il
marito ha accumulato con la costante labo-
riosità di una vita intera, trovando conforto
al pensiero di lavorare per i figli, vengano
poi dilapidati dalla vedova, insieme con l'a-
mante, è altresì rivoltante.

Il romanticismo

Il romanticismo è un prodotto del *cristianesimo*: religiosità esaltata, venerazione fantasti-
ca della donna e valore cavalleresco, dunque
Dio, la dama e la spada – questi sono i con-
trassegni di ciò che è romantico.

Sapere e curiosità, maschile e femminile

La brama di conoscere, se diretta all'universale, si chiama *brama di sapere*, se alla cosa singola, *brama di novità*, curiosità. I ragazzi per lo più dimostrano desiderio di sapere, le bambine una mera curiosità, ma questa in grado stupefacente e spesso con un'ingenuità urtante. Qui si annuncia già la tendenza specifica del sesso femminile alla cosa singola e la sua insensibilità per l'universale.

I Sassoni

Gli *abitanti della Bassa Sassonia* sono goffi senza essere maldestri, quelli dell'*Alta Sassonia* maldestri senza essere goffi.

Schelling, filosofo della natura

Mi sembra di assistere ai giochetti di prestigio di un bambino: io vedo chiaramente come lui nasconde le palline sotto il bicchiere dove poi dovrei stupirmi di ritrovarle.

Schelling e gli schellinghiani

Chi vuole dimostrare *a priori* ciò che è possibile sapere soltanto *a posteriori*, dall'esperienza, fa il ciarlatano e si rende ridicolo. Esempi ammonitori di questo errore ce li hanno dati Schelling e gli schellinghiani quando, come si è espresso molto graziosamente qualcuno, tiravano *a priori* verso un bersaglio nascosto *a posteriori*.

Gli schiavisti

Quei diavoli in sembianze umane, i padroni e i trafficanti di schiavi nei liberi Stati dell'America del Nord (che dovrebbero essere chiamati «Stati degli schiavi»), sono di regola seguaci ortodossi e devoti della Chiesa anglicana: considererebbero un grave peccato lavorare di domenica e, contando sulla loro osservanza, sulla frequentazione assidua della chiesa e su altre cose del genere, sperano nella propria salvezza eterna.

Gli scrittori

Gli *scrittori* si possono dividere in stelle cadenti, pianeti e stelle fisse. I primi producono colpi di scena momentanei: si guarda in su, si grida «guarda guarda» e poi scompaiono per sempre. I secondi, cioè le stelle che vagabondano per il cielo, hanno assai più consistenza. Brillano, benché soltanto grazie alla loro vicinanza, assai più delle stelle fisse e vengono con esse scambiati dai profani. Ma anche i pianeti debbono ben presto sgomberare il loro posto, inoltre ricevono la luce in prestito e hanno una sfera d'azione limitata ai compagni di cammino (i contemporanei). Essi si spostano e si alternano: un'orbita della durata di qualche anno è il loro destino. Soltanto le stelle fisse non cambiano: stanno ferme nel cielo, hanno luce propria, agiscono su ogni epoca ... Esse non appartengono, come gli altri corpi celesti, a *un solo* sistema (nazione), bensì all'universo. Ma appunto a causa dell'altezza della loro posizione, la loro luce di solito richiede molti anni prima di diventare visibile all'abitante della terra.

Gli scrittori di filosofia

La prima regola, e forse l'unica, del buono stile è che *si abbia qualcosa da dire*: con questa regola si va lontano! Eppure gli scrittori di filosofia si distinguono per il fatto di trascurarla ... specialmente da Fichte in poi. In tutti costoro si può appunto rilevare che *sembrano* voler dire qualcosa, mentre non hanno nulla da dire.

Il carattere comune dei testi *filosofici* di questo secolo è che sono scritti senza che vi sia veramente qualcosa da dire: tale carattere si ritrova in tutti quanti e può quindi essere studiato allo stesso modo in Salat e in Hegel, in Herbart e in Schleiermacher. Secondo il metodo omeopatico, un minimo insignificante di pensiero viene diluito in un profluvio di parole che riempiono cinquanta pagine, e si continua così tranquillissimi a cianciare di pagina in pagina, con una fiducia illimitata nella pazienza davvero tedesca del lettore. Invano l'intelligenza condannata a questa lettura spera in pensieri autentici, solidi e sostanziali: essa spasima, spasima attendendo un qualsiasi pensiero – come il viaggiatore nel deserto d'Arabia sospira l'acqua – e dovrà morire di sete.

Gli scrittori mediocri

Buttano giù il loro pensiero a pezzi e bocconi in brevi sentenze paradossali e ambigue che sembrano voler significare assai più di quel che esprimono (eccellenti esempi di questo genere si trovano nelle opere di Schelling sulla filosofia della natura); alle volte, invece, quegli scrittori presentano il loro pensiero in un profluvio di parole con la più insopportabile prolissità, come se occorressero chissà quali sforzi miracolosi per renderne comprensibile il senso profondo, mentre si tratta di un'idea assolutamente sciocca, magari di una banalità (Fichte, nei suoi scritti popolari, e centinaia di miserabili imbecilli che non va-

le la pena nominare, nei loro manuali filosofici, ne forniscono esempi in abbondanza).

Gli scrittori sciatti

Chi scrive in modo trascurato confessa così,
anzitutto, che lui per primo non attribuisce
un gran valore ai suoi pensieri.

Se è un'impertinenza interrompere gli altri,
impertinenza non minore è interrompere se
stessi, come avviene nella costruzione del periodo che da alcuni anni applicano almeno
sei volte per pagina, compiacendosene, tutti
gli scribacchini negligenti, affrettati e sma-
niosi solo di guadagno. Questa costruzione
consiste – quando si può, bisogna dare l'e-
sempio insieme alla regola – nell'interrompere una frase per appiccicarne un'altra in
mezzo. Costoro, però, lo fanno non soltanto per pigrizia, ma anche per imbecillità, in
quanto credono che ciò sia un'amabile *légè-
reté* che ravviva l'esposizione.

Molti scrivono come i polipi corallini co-
struiscono: un periodo si aggiunge all'altro
periodo, e si va avanti dove Dio vuole.

La lingua tedesca è completamente a soq-
quadro: tutti le mettono le mani addosso,
qualsiasi lurido imbrattacarte le si scaglia
contro.

La scrittura e il pensiero

La penna è per il pensare quel che il bastone è per il camminare; ma l'incedere più agile è quello senza l'aiuto del bastone e il pensare più perfetto si compie senza penna. Soltanto quando cominciamo a invecchiare ci serviamo volentieri del bastone e della penna.

La Sacra Scrittura

Non si può servire due padroni: o si serve la ragione o la Scrittura ... Si tratta o di credere o di filosofare.

Le nostre scuole

A vedere le numerose e svariate istituzioni destinate all'insegnamento e allo studio, e la grande folla di scolari e maestri, verrebbe da pensare che al genere umano stia estremamente a cuore comprendere le cose e conquistare la verità. Ma, anche qui, l'apparenza inganna.

Il bel sesso

Il sesso femminile, di statura bassa, di spalle strette, di fianchi larghi e di gambe corte, poté essere chiamato il bel sesso soltanto dall'intelletto maschile obnubilato dall'istinto sessuale: in quell'istinto, cioè, risiede tutta la bellezza femminile.

Il secondo sesso

Le donne sono *sexus sequior*, il secondo sesso, che da *ogni* punto di vista è inferiore al sesso maschile; perciò bisogna aver riguardi per la debolezza della donna, ma è oltremodo ridicolo attestare venerazione alle donne: essa ci abbassa ai loro stessi occhi.

Il sigaro

Il sigaro è per l'uomo limitato un gradito surrogato dei pensieri.

La solidarietà femminile

Fra uomini esiste, per natura, soltanto indifferenza; ma fra donne, già per natura, vi è inimicizia ... Anche solo incontrandosi per strada, si guardano a vicenda come guelfi e ghibellini.

Le spine

Non v'è rosa senza spine. Ma vi sono parecchie spine senza rose!

La definizione dell'amore di Spinoza, per la sua esuberante ingenuità, merita di essere riportata al fine di rasserenare: *Amor est titillatio, concomitante idea causae externae* (*Ethica*, IV, prop. 44, dem.).

I tormenti che, secondo Colerus, Spinoza era solito infliggere per proprio divertimento, e ridendo di cuore, ai ragni e alle mosche rispondono sin troppo bene ai princìpi sopra biasimati, come pure ai citati capitoli del *Genesi*. Per tutti questi motivi l'*Etica* di Spinoza è una continua mescolanza di falso e di vero, di cose degne di ammirazione e di altre meschine.

Gli Stati Uniti

Negli Stati Uniti dell'America del Nord noi vediamo il tentativo ... di far prevalere il diritto non contaminato, puro, astratto. Solo che il risultato non è allettante: infatti, nonostante la prosperità materiale del paese, vi troviamo come mentalità dominante il basso utilitarismo, accompagnato dalla sua immancabile socia: l'ignoranza, la quale, a sua volta, ha aperto la strada alla stupida bigotteria anglicana, alla stolta presunzione, alla rozzezza brutale, unita a una stolida venerazione per le donne. Ma all'ordine del giorno vi si trovano cose anche peggiori: la schiavitù dei negri che grida vendetta al cielo, unita a una crudeltà estrema contro gli schiavi; la più ingiusta oppressione dei negri liberi; la *lynch-law*; l'assassinio frequente e spesso impunito; duelli di brutalità inaudita e, talvolta, l'aperta derisione del diritto e delle leggi ... una oclocrazia in continua crescita; infine l'influsso estremamente corruttore che le ricordate violazioni della legalità commesse nelle sfere superiori esercitano di necessità sulla moralità privata.

Lo Stato etico

L'unico fine dello Stato è di proteggere i singoli individui l'uno dall'altro e tutti insieme dai nemici esterni. Alcuni filosofastri tedeschi di quest'epoca venale vorrebbero trasformarlo in un organismo di educazione e di edificazione morale: qui sta in agguato, sullo sfondo, la mira gesuitica di sopprimere la libertà personale e lo sviluppo individuale dei singoli per farli diventare la ruota di una macchina politico-religiosa alla cinese. Ma questa è la via che altre volte ha condotto all'Inquisizione, agli autodafé e alle guerre di religione ... Ancor oggi e ovunque (l'eccezione dell'America settentrionale è più apparente che reale) vediamo che lo Stato si preoccupa anche dei bisogni metafisici dei suoi membri.

Lo Stato e la sua origine

In ultima analisi la necessità dello Stato si fonda sulla riconosciuta *iniquità* del genere umano: senza di questa non si sarebbe pensato allo Stato, poiché nessuno avrebbe da temere per i suoi diritti ... Da questo punto di vista emergono chiaramente la grettezza e la superficialità dei filosofastri che con le loro frasi pompose presentano lo Stato come lo scopo supremo e il fiore dell'esistenza umana, fornendoci così l'apoteosi del filisteismo.

La storia

Clio, la musa della storia, è tutta quanta infetta di menzogne, come una prostituta di sifilide.

La storia della letteratura, rilegata in pelle

La storia della letteratura è, per la maggior parte, il catalogo di un museo di aborti. L'alcol nel quale essi vengono conservati più a lungo è la legatura in pelle di cinghiale.

Le storie della filosofia

Leggere in luogo delle opere originali dei filosofi ogni sorta di esposizioni delle loro dottrine, o in genere una storia della filosofia, è come farsi masticare da un altro il proprio desinare. Si leggerebbe forse una storia universale, se a ognuno fosse possibile contemplare con i propri occhi gli avvenimenti del passato che lo interessano?

Si possono conoscere i filosofi solo attraverso le loro opere, e in nessun modo con esposizioni di seconda mano ... Nelle storie della filosofia lo spirito riceve unicamente il movimento che gli è impresso dal legnoso corso dei pensieri di un cervello comune, che aggiusta le cose a modo suo.

Lo studio del greco e del latino

Io credo che lo studio della grammatica latina e greca dal sesto al dodicesimo anno di età getti le basi per l'ottusità che si manifesta in seguito nella maggior parte dei dotti.

Suoceri e suocere

La *poligamia* avrebbe tra i molti vantaggi anche quello che l'uomo non verrebbe ad avere un legame così stretto con i propri suoceri, il terrore dei quali impedisce ora innumerevoli matrimoni. Epperò: dieci suocere invece di una!

I tedeschi

Depongo qui, nel caso morissi, la mia confessione: disprezzo la nazione tedesca per la sua pomposa stupidità e mi vergogno di appartenervi.

I tedeschi, popolo metafisico

È un difetto costitutivo dei tedeschi cercare nelle nuvole quello che hanno ai loro piedi. Quando si pronuncia dinanzi a loro la parola *idea*, che a un francese o a un inglese dà un senso chiaro e preciso, si direbbe che salgano nel pallone.

I tedeschi, popolo pesante

Il vero *carattere nazionale dei tedeschi è la pesantezza*: essa risalta nel loro modo di camminare, nel loro modo di agire, nella loro lingua, nei loro discorsi e racconti, nel loro modo di intendere e di pensare, ma in maniera del tutto particolare risalta nel loro *stile* letterario, nel piacere che essi traggono da periodi prolissi e intricati, a causa dei quali la memoria deve per cinque minuti applicarsi a imparare con pazienza la lezione che le è imposta, finché da ultimo, alla conclusione del periodo, l'intelletto tira le fila e gli enigmi sono risolti. Di tutto ciò si compiacciono, e se è possibile anche far mostra di preziosismi, parole altisonanti e di affettata σεμνότης [dignità stilistica], l'autore ci sguazza dentro: ma il cielo dia ai suoi lettori la pazienza di leggerlo.

Il tempo

Il *tempo* è ciò in grazia del quale ogni cosa, in ogni momento, diventa nulla nelle nostre mani; per cui perde ogni vero valore.

La percezione del tempo, nell'uomo e nella donna

L'essere umano non vive, come l'animale, soltanto nell'attimo presente, ma prende in considerazione, riflettendoci, il passato e il futuro; di qui deriva la sua preveggenza, la sua preoccupazione e un senso frequente di angoscia. La donna, in conseguenza della sua più debole ragione, partecipa meno dei vantaggi e degli svantaggi di ciò; essa rivela, piuttosto, una certa miopia intellettuale, perché il suo intelletto intuitivo vede distintamente le cose vicine, ma ha per contro un orizzonte ristretto, nel quale non cadono le cose lontane; appunto perciò tutto quello che è assente, passato, futuro agisce assai meno sulle donne che sugli uomini. Da qui deriva anche la tendenza, molto più frequente nelle donne, allo spreco, che in esse raggiunge a volte la dissennatezza ... Per quanto gli svantaggi di questa situazione siano numerosi, essa ha, tuttavia, un lato buono: la donna si immedesima più di noi nel presente, e quindi sa goderlo meglio, purché sia tollerabile; da ciò dipende quella particolare serenità della donna che la rende adatta a dispensare piacevoli ore di riposo all'uomo oberato da preoccupazioni.

La teologia

Il medico vede l'uomo in tutta la sua debolezza; il giurista in tutta la sua malvagità; il teologo in tutta la sua stupidità.

Teologia e filosofia

Teologia e filosofia sono come due piatti di una bilancia. Quanto più si abbassa l'uno, tanto più si alza l'altro. Quanto più nel nostro tempo cresce la miscredenza, tanto più grande diventa il bisogno di filosofia, di metafisica; e allora devono venire da me.

I tipografi

La polizia sanitaria, nell'interesse della vista, dovrebbe vigilare affinché la piccolezza dei caratteri non oltrepassi un minimo, stabilito una volta per tutte.

Le traduzioni

Ogni traduzione rimane un'opera morta e il suo stile è forzato, rigido, non naturale: oppure diventa una traduzione libera, vale a dire si contenta di un *à peu près* e, dunque, è falsa. Una biblioteca di traduzioni somiglia a una pinacoteca di copie.

Il turismo

La *vita da nomadi*, che indica il grado più basso della civiltà, si ritrova al grado più alto nella generalizzata *vita da turisti*. La prima fu causata dalla *necessità*, la seconda dalla *noia*.

Turisti di massa

Scrivono il loro nome in luoghi che sono meta di visitatori: è un modo di reagire, di lasciare una traccia sulla località che non ne ha lasciata alcuna in loro.

Gli uomini

Gli uomini sono come orologi che vengono caricati e camminano senza sapere perché; e ogni volta che viene concepito e generato un uomo, l'orologio della vita umana viene caricato di nuovo, per ripetere ancora, frase per frase e battuta per battuta, con variazioni insignificanti, la sua musica, suonata e risuonata già innumerevoli volte.

Talora parlo con gli uomini come un fanciullo parla con il suo pupazzo: questi sa bene che il pupazzo non lo capisce, ma si procura con un piacevole, consapevole autoinganno la gioia del comunicare.

I cosiddetti uomini, quasi senza eccezione, non sono altro che brodino con un po' di arsenico.

Uomini e donne

Quando la natura spaccò il genere umano in due metà, il taglio non fu da essa fatto proprio nel mezzo. Nonostante la polarità, la dif-

136

ferenza fra polo positivo e polo negativo non è soltanto qualitativa, ma anche quantitativa. Gli antichi e i popoli orientali hanno considerato anch'essi le donne in questo modo, e perciò hanno riconosciuto la posizione loro adeguata molto meglio di noi con la nostra galanteria francese all'antica, con la sciocca venerazione per il sesso femminile, fiore supremo della stupidità cristiano-germanica, che è servito soltanto a rendere le donne arroganti e sfacciate, tanto che a volte ci vengono in mente le scimmie sacre di Benares, le quali, consce della propria santità e inviolabilità, si permettono di tutto.

L'uomo

Bisogna leggere le storie criminali e le descrizioni delle epoche anarchiche per rendersi conto di ciò che l'uomo è dal punto di vista morale. Queste migliaia di uomini, che sotto i nostri occhi si costringono reciprocamente a intrattenere rapporti pacifici, sono come altrettanti lupi e tigri le cui zanne siano tenute a freno da una robusta museruola.

L'uomo, animale egoista

Il movente primario e fondamentale, nell'uomo come nell'animale, è l'*egoismo*, cioè l'impulso a esistere e a star bene ... L'egoismo è, per sua natura, infinito: l'uomo vuole conservare incondizionatamente la sua esistenza, vuole essere assolutamente libero dai dolori, fra i quali include anche la mancanza e la privazione, vuole la più grande somma di benessere e vuole ogni piacere di cui sia capace, cerca, anzi, di creare in se stesso, possibilmente, nuove capacità di godere. Tutto ciò che si oppone all'impeto del suo egoismo eccita il suo sdegno, la sua ira, il suo odio: egli cercherà di annientarlo come suo nemico. Egli vuole, possibilmente, godere di tutto, possedere tutto; ma poiché questo è impossibile, vuole almeno dominare su ogni cosa: « Tutto per me, nulla per gli altri » è il suo motto. L'egoismo è gigantesco e sovrasta l'universo.

L'uomo, animale socievole

Un gruppo di porcospini, in una fredda giornata d'inverno, si strinsero vicini vicini, per proteggersi con il loro calore dal rimanere assiderati. Ben presto, però, sentirono le spine reciproche; il dolore li costrinse ad allontanarsi di nuovo l'uno dall'altro. Quando poi il bisogno di riscaldarsi li portò ancora a stare insieme, si ripeté quell'altro malanno; di modo che venivano sballottati avanti e indietro fra due mali, finché non ebbero trovato una moderata distanza reciproca, che rappresentava per loro la posizione migliore. Così il bisogno di società, che scaturisce dal vuoto e dalla monotonia della propria interiorità, spinge gli uomini l'uno verso l'altro; le loro molteplici repellenti qualità e i loro insopportabili difetti, però, li respingono di nuovo l'uno lontano dall'altro. La distanza media, che essi riescono finalmente a trovare e grazie alla quale è possibile una coesistenza, sta nella cortesia e nelle buone maniere. A colui che non mantiene quella distanza in Inghilterra si dice: *keep your distance!* Con essa il bisogno del calore reciproco viene soddisfatto in modo incompleto, in compenso però non si soffre delle spine altrui. Ma chi possiede molto calore interno preferisce rinunciare alla società, per non dare né ricevere sensazioni sgradevoli.

L'uomo e gli animali

Come l'intelligenza e poi la stupidaggine del mio cane mi hanno spesso stupito, non altrimenti mi è andata con il genere umano. Infinite volte l'incapacità, la completa mancanza di giudizio e la bestialità di quest'ultimo mi hanno fatto indignare e mi hanno strappato l'antico sospiro:

> *Humani generis mater nutrixque profecto stultitia est.*
> [Madre e nutrice del genere umano è indubbiamente la stoltezza].

Gli animali non sono prodotti di fabbrica a nostro uso e consumo ... Consiglio agli zeloti e ai preti di non contraddire qui: perché questa volta non soltanto la *verità*, ma anche la *morale* è dalla nostra parte.

L'uomo, essere menzognero e carnivoro

Nel mondo esiste un *unico* essere menzognero: *l'uomo*. Ogni altro essere è autentico e sincero perché si fa vedere schiettamente qual è, manifestandosi così come si sente. Un'espressione emblematica o allegorica di questa differenza fondamentale è il fatto che tutti gli animali vanno in giro nel loro aspetto naturale, e ciò contribuisce assai all'impressione piacevole della loro vista, che ogni volta, specie se si tratta di animali liberi, mi riempie il cuore di gioia; l'essere umano invece, a causa del suo abbigliamento, è diventato una caricatura, un mostro, la cui vista è ripugnante già per questo fatto, che è poi sottolineato perfino dal colore bianco e per lui innaturale della pelle e dalle disgustose conseguenze del suo nutrimento a base di carne, che è contro natura, nonché delle bevande alcoliche, del tabacco, degli stravizi e delle malattie. L'essere umano appare come una macchia ignominiosa nella natura!

Come il nostro corpo è vestito di abiti, così il nostro spirito lo è di *menzogne*. I nostri discorsi, le nostre azioni, tutto il nostro essere sono menzogneri, e solo attraverso questo

140

velo si può talvolta indovinare il nostro vero sentire, come attraverso gli abiti si indovina la figura del corpo.

La speranza nell'uomo

Quando cercai di descrivere con un solo tratto la grandezza dell'egoismo e di ricorrere a un'iperbole molto espressiva, alla fine mi fermai a questa: molti sarebbero capaci di uccidere una persona soltanto per ungere col suo grasso le proprie scarpe. Ma uno scrupolo mi è rimasto: si tratta davvero di un'iperbole?

L'uomo, trappista coatto

Il numero dei trappisti regolari è certamente piccolo, mentre la metà dell'umanità è fatta di *trappisti involontari*: povertà, obbedienza, privazione di tutti i piaceri, anzi dei sollievi più necessari, e spesso anche castità coatta o determinata dalla privazione, sono la loro sorte.

La vanità, femminile e maschile

La vanità delle donne, quand'anche non fosse maggiore di quella degli uomini, ha questo di brutto, che si riversa tutta su oggetti
materiali, vale a dire sulla bellezza della propria persona e quindi sul lusso, sugli orna-
menti e sulla magnificenza ... Questo fatto,
unito alla sua scarsa intelligenza, rende la
donna incline allo *sperpero*; perciò uno degli
antichi ha detto: δαπανηρὰ φύσει γυνή [per
natura la donna è dissipatrice]. La vanità degli uomini, invece, si indirizza spesso verso
privilegi non materiali, come l'intelligenza e
l'erudizione, il coraggio, e così via.

La venerazione delle reliquie

La venerazione che la massa colta riserva al
genio è della stessa guisa di quella che i cre-
denti riservano ai loro santi, cioè degenera
molto facilmente in uno stolto culto delle
reliquie. Come migliaia di cristiani venera-
no le reliquie di un santo di cui ignorano vita e dottrina, come la religione di migliaia di

buddhisti consiste più nella venerazione del *dalada* (dente sacro), o di qualche altra *dhātu* (reliquia), anzi della *dagoba* che la racchiude, oppure della sacra *pāttra* (scodella), oppure dell'orma lasciata da un piede sulla pietra, oppure dell'albero sacro che Buddha seminò, piuttosto che nell'approfondita conoscenza e nel fedele esercizio della sua sublime dottrina; così la casa di Petrarca ad Arquà, la presunta prigione di Tasso a Ferrara, la casa di Shakespeare a Stratford con la sedia di lui, la casa di Goethe a Weimar con i mobili, il vecchio cappello di Kant e le sue vecchie scarpe all'armeria di Dresda, come anche i loro autografi, vengono considerati con estatica attenzione e venerazione da molti che non ne hanno mai letto le opere. Essi appunto non sono capaci d'altro che di rimirare a bocca aperta.

La verginità come virtù

La verginità è bella non perché è un digiuno, ma perché è la saggezza, vale a dire perché sventa le insidie della natura.

La vita

La vita è come una bolla di sapone, che manteniamo e soffiamo per quanto è possibile, ma con la ferma certezza che scoppierà.

La vita oscilla, come un pendolo, tra il dolore e la noia.

La vita è una continua lotta per l'esistenza, con la certezza della sconfitta finale.

La vita è un mare pieno di scogli e di vortici, che l'uomo evita con la massima cautela e cura, benché sappia che, quand'anche riesca con ogni sforzo e arte a scamparne, per ciò stesso con ogni passo si avvicina, e anzi punta direttamente sopra, al più grande, al totale, all'inevitabile e irreparabile naufragio, la morte: è questa la meta finale della faticosa traversata e per lui peggiore di tutti gli scogli cui sfuggì.

La vita di ogni individuo, se la si guarda nel suo complesso mettendone in rilievo solo i tratti più significativi, è in realtà sempre una tragedia; ma, esaminata nei particolari, ha il carattere della commedia.

La vita si presenta come un continuo inganno, nel piccolo come nel grande.

La vita è il male. La vita è il velo che nasconde l'essere; è il peso che trascina la volontà! La vita è la caduta, è il grande peccato originale!

La vita dev'essere senz'altro considerata una *severa lezione* che ci viene impartita, sebbene noi, con le nostre forme di pensiero stabilite a tutt'altro scopo, non riusciamo a capire come possiamo essere giunti ad averne bisogno.

La vivisezione

Quando studiavo a Göttingen il professor Blumenbach ci parlò molto seriamente, nel corso di fisiologia, degli orrori delle vivisezioni e ci fece notare come esse fossero una cosa crudele e orribile ... Invece oggi ogni medicastro si crede autorizzato a effettuare nella sua stanza delle torture gli atti più crudeli nei confronti delle bestie, al fine di decidere problemi la cui soluzione si può trovare già da molto tempo nei libri, nei quali però è troppo pigro e troppo ignorante per ficcare il naso ... I biologi francesi sembrano aver dato per primi l'esempio in questo campo e i biologi tedeschi fanno a gara con loro a infliggere le torture più crudeli ad animali innocenti, spesso in numero enorme, per risolvere problemi puramente teorici e non di rado assai futili. Voglio ora documentare quanto dico con un paio di esempi che mi hanno particolarmente indignato, sebbene non siano affatto isolati: se ne potrebbero citare cento altri simili. Il professor Ludwig Fick di Marburg racconta nel suo libro *Sulle cause delle formazioni ossee* (1857) di avere estirpato a giovani animali i bulbi oculari al fine di ottenere una conferma della sua ipotesi secondo cui, in simili casi, le ossa crescono nei vuoti creatisi dopo l'estirpazione!...

Ancora: una menzione particolare meritano gli obbrobri che il barone Ernst von Bibra ha commesso a Norimberga e, *tanquam re bene gesta,* racconta con incomprensibile disinvoltura al pubblico ... egli ha fatto deliberatamente *morire di fame* due conigli! Al fine di effettuare la ricerca, del tutto inutile e oziosa, se a causa della morte per fame le particelle chimiche del cervello subiscano una modifica nelle loro proporzioni! Per l'utilità della scienza – *n'est-ce pas?* È mai possibile che a quei signori del bisturi e del crogiuolo non venga mai in mente che essi sono in primo luogo esseri umani e poi chimici? Come si può dormire tranquillamente, quando si tengono prigioniere in gabbia creature innocenti, allattate dalla madre, allo scopo di far patire loro una morte lenta e straziante per fame? È mai possibile che simili studiosi non si sveglino di soprassalto nel sonno? ... È mai possibile che l'azione crudele del Bibra, se non si poteva impedire, sia rimasta impunita? Un tipo come quel von Bibra, il quale ha ancora da imparare tante cose dai libri, dovrebbe meno di tutto pensare a spremere le ultime risposte attraverso crudeltà, a torturare la natura per arricchire il proprio sapere, e a estorcerle segreti che forse già da lungo tempo sono noti. Giacché per questo studio vi sono molte altre e innocue maniere, senza che sia necessario torturare a morte delle povere bestie inermi. Che crimine ha dunque commesso il povero innocuo coniglio che viene chiuso in gabbia, ed è così condannato alla pena di morte lenta per fame? Nessuno è autorizzato a effettuare vivisezioni...

La volontà

L'istinto sessuale è il nucleo della volontà di vivere, quindi la concentrazione di ogni volere: per questo ho definito i genitali il punto focale della volontà.

PICCOLA BIBLIOTECA ADELPHI

Stampato nell'ottobre 2000
dalla Techno Media Reference s.r.l. - Milano

Piccola Biblioteca Adelphi
Periodico mensile: N. 437/1999
Registr. Trib. di Milano N. 180 per l'anno 1973
Direttore responsabile: Roberto Calasso